RECHTSSTAAT IM ZWIELICHT

Elisabeth Kopps Rücktritt

Für Leonhard Röösli,

in herzlicher Erinnerung

Jeanne Hersch

RECHTSSTAAT IM ZWIELICHT

Elisabeth Kopps Rücktritt

Herausgegeben von Jeanne Hersch

Verlag Peter Meili Schaffhausen

1. Auflage 1.– 5. Tausend
2. Auflage 6.–10. Tausend

© by Verlag Peter Meili Schaffhausen
Umschlaggestaltung: Lilian-Esther Perrin
Druck: Meier + Cie AG Schaffhausen
ISBN 3-85805-153-5
Printed in Switzerland

INHALT

VORWORT

Die Ereignisse und Umstände, welche Elisabeth Kopps Rücktritt aus dem Bundesrat begleiteten, haben im Bewusstsein des Schweizervolkes einen tiefen Widerhall gefunden. Jeder Bürger hat auf seine Weise, gefühlsmässig und moralisch, die unglaublich rasche Geschichte ihres Aufstiegs und Sturzes miterlebt. Die einen triumphierten, indem der Fall einer Bundesrätin aus solcher Höhe in ihren Augen die Bestätigung für die Rechtsgleichheit aller Bürger war. Andere fühlten sich in ihrer Erwartung enttäuscht, dass sich hinter der Bundesrätin die Gefängnistüren schliessen würden. Wieder andere, die ihrer ursprünglichen Bewunderung treu geblieben waren, stellten sich viele Fragen zu diesem «Fall», dessen Ablauf ihnen unerträglich schien und einen Nachgeschmack bitterster Ungerechtigkeit hinterliess.

Die Geschichte wird eines Tages grössere Klarheit bringen. Dafür ist es jetzt noch zu früh. Aber es steht schon heute fest, dass sich der «Fall» als aufschlussreich erwies. Es zeigte sich nämlich, dass die Institutionen unseres Landes unter den neuen Bedingungen der technischen, sozialen und politischen Welt von heute nicht mehr befriedigend funktionieren können. Alte Probleme stellen sich heute anders dar, und der Anfall neuer Probleme hört nicht auf. Es erweist sich, dass das individuelle Bewusstsein, ja sogar Recht und Gerichte unverhältnismässig stärkeren und massiveren Pressionen unterliegen, womit es schwieriger geworden ist, Bürger zu sein. Die Zahl der echten Bürger hat denn auch abnehmende Tendenz. Wir können nicht wissen, wie viele von ihnen in dieser oder jener Art auf die bedrängenden «Nachrichten» zum sogenannten «Fall Kopp» reagiert haben. Sicher ist aber, dass die veröffentlichte Meinung der elektronischen und der Print-Medien – mit Ausnahme seltener Leserbriefe – fast einhellig in eine Richtung zielte.

Die in diesem Buchband gesammelten Texte verfolgen einen doppelten Zweck. Einerseits versuchen sie, die Bürger zum Nachdenken anzuregen über die Art und Weise, wie die erste Bundesrätin der Schweiz zu Fall gebracht wurde, eine Frau, die im Urteil der grossen Mehrheit der Bevölkerung während vier Jahren dank ihrer Hingabe, ihrer Kompetenz und ihrer Arbeitskraft eine beispielhafte Magistratin war. Anderseits möchten diese Texte aufzeigen, was in der heutigen Schweiz im Zusammenspiel der verschiedenen Gewalten nicht stimmt, um auf diese Weise die Probleme anzusprechen, welche heute auf unserer Demokratie lasten und die im Ablauf der uns beschäftigenden Ereignisse zutage getreten sind.

Der Verleger Peter Meili hatte mit vorbehaltloser Begeisterung das Projekt zu diesem Buch begrüsst; er wollte tatkräftig zu dessen Erfolg beitragen. Er ist am 12. September 1990 am Matterhorn tödlich abgestürzt – für uns ein unersetzlicher Verlust. Sein Verlegerkollege Paul Rothenhäusler hat sich sofort bereit erklärt, die Arbeit unter Mithilfe des Schaffhauser Verlegers Max Rapold weiterzuführen und das Vorhaben zum Abschluss zu bringen. Zum Gedenken an Peter Meili erscheint das Buch nun doch – wie er es gewollt hatte – in seinem Verlag.

Wir haben beschlossen, diesem Sammelband einen der seltenen Leserbriefe von Mitbürgern voranzustellen, die es im Ablauf der Ereignisse wagten, gegen den Strom zu schwimmen; dazu haben wir den Brief des alt Oberrichters Fritz Baumann aus Aarau gewählt. Die juristische Kompetenz seiner Argumentation, verbunden mit der jugendlichen Spontaneität, mit der er gegen die Ungerechtigkeit reagierte, bestechen um so mehr, als der Autor sehr bald seinen 100. Geburtstag feiern kann.

Weiter veröffentlichen wir einen Brief von Professor Werner Kägi aus Zürich. Er hätte sich gerne mit einer eingehenden Rechtsstudie an unserem Buch beteiligt; Gesundheitsgründe haben ihn daran gehindert. Er legt jedoch Wert darauf, sich öffentlich mit unserem Vorhaben solidarisch zu erklären. So haben wir uns entschlossen, seinen Brief – trotz des darin zum Ausdruck gebrachten übertriebenen Lobes an die Adresse der Herausgeberin – dankbar abzudrucken.

Jeanne Hersch

SELTSAMES GEBAREN
EINER BUNDESRÄTIN GEGENÜBER

Fritz Baumann

Dreimal Bravo für Elisabeth Kopp

Dreimal Bravo für Elisabeth Kopp! Einmal, weil sie ihrem Ehemann davon Kenntnis gab, dass er allenfalls in ein Verfahren wegen Geldwäscherei hineingezogen werden könnte. Denn nach Art. 159 des Schweizerischen Zivilgesetzbuches haben die Ehegatten gegenseitig das Wohl der Gemeinschaft zu wahren. Sie schulden einander Treue und Beistand. Diesen Pflichten gegenüber ihrem Ehemann ist Frau Kopp nachgekommen. Als sie durch ihre freisinnigen Parteifreunde genötigt wurde, ihren Rücktritt als Bundesrätin zu erklären, hat sie das Datum des Rücktritts um zwei Monate hinausgeschoben, damit die Überleitung ihrer Aufgaben an einen Nachfolger oder eine Nachfolgerin zum Besten des Landes gut vorbereitet werden konnte. Dafür verdient sie das zweite Bravo! Und als die Hetze gegen sie nicht nachliess, da hat sie ihr Amt sofort niedergelegt, weil ihr die Weiterarbeit im Kreise des Bundesrats und angesichts der ihr entgegengebrachten Feindschaft nicht mehr zumutbar war. Dafür das dritte Bravo!
Solcher Begründung wird zweierlei entgegengehalten: Einmal, Frau Kopp sei nicht befugt gewesen, sich schützend vor ihren – angeschlagenen – Ehemann zu stellen. Dazu ist festzustellen: Wäre der Ehemann Kopp strafbarer Handlungen bezichtigt und gegen ihn deswegen untersucht worden und wäre seine Frau ihm behilflich gewesen, seiner Bestrafung zu entgehen, so müsste man wohl annehmen, die eheliche Beistandspflicht müsse zurücktre-

ten vor dem Anspruch des Staates, Verbrechen zu sühnen. Aber bis zur Stunde ist in Sachen Shakarchi kein Strafverfahren gegen den Ehemann Kopp eingeleitet worden – offensichtlich weil die Untersuchungsbehörden keinerlei Beweismaterial gegen ihn besitzen. Und wenn es doch noch zu einer Strafverfolgung kommen sollte, so hätte der Wunsch der Frau Kopp, ihr Mann möge aus der fraglichen Firma ausscheiden, am Sachverhalt nichts geändert. Die Verantwortung ihres Mannes bliebe bestehen, ob er der Bitte seiner Frau entsprochen hätte oder nicht.

Im wesentlichen wird jedoch gegen Frau Kopp eingewendet, sie habe die Amtsgeheimnispflicht verletzt, wie der ausserordentliche Bundesanwalt es festgestellt habe. Darum sei das Ausscheiden der Frau Kopp aus dem Bundesrat unvermeidbar geworden. Dazu ist vorab festzustellen, dass der ausserordentliche Bundesanwalt eine *formale* Verletzung des Amtsgeheimnisses festgestellt hat, jedoch mit aller Deutlichkeit beifügte, damit sei über die *Schuld* der Frau Kopp noch nichts entschieden. Darüber könne erst in einem allfälligen Prozess geurteilt werden. Aber trotz dieser Mahnung wurde voreilig über Frau Kopp der Stab gebrochen, bevor ihr Gelegenheit geboten wurde, den Bericht des ausserordentlichen Bundesanwalts zu lesen und dazu Stellung nehmen zu können. Das ist ein seltsames Gebaren einer Bundesrätin gegenüber. Soweit man sich als Aussenstehender ein Urteil anmassen darf, sind übrigens die Schlussfolgerungen des ausserordentlichen Bundesanwalts kaum zutreffend: Er hat zwar festgestellt, Frau Kopp habe Sachverhalte, die sie in ihrem Amt erfahren habe, weitergeleitet. Aber darin kann eine Amtsgeheimnisverletzung nur liegen, wenn ein schützenswertes Amtsgeheimnis vorlag. Erstens ist beileibe nicht alles, was im Bundeshaus vorgeht, ein Geheimnis, und zweitens konnte da keine Verletzung des Amtsgeheimnisses vorliegen, wo der Sachverhalt öffentlich schon bekannt war: Dass im Kanton Tessin wegen einer Geldwaschaffäre untersucht wurde, war längst bekannt und auch, dass als tatverdächtig die Firma Shakarchi in Frage komme, bei welcher der Ehemann Kopp beteiligt war.

Diese Sachverhalte wurden in der öffentlichen Auseinandersetzung verschwiegen; es war bequemer, auf Frau Kopp einzuhauen und sie sogar der Lüge zu bezichtigen, weil sie dem Bundesrat nicht die volle Wahrheit gesagt habe. Aber sie hat das Entscheidende klar und deutlich erklärt: Dass sie mit ihrem Manne telephoniert habe. Weitere Einzelheiten darzulegen war nicht ihre Pflicht, denn sie sass ja nicht im Beichtstuhl, und ihre Kollegen wären nicht die richtigen Beichtväter gewesen. Eine Frau, die anerkanntermassen bisher ihre berufliche Tätigkeit als Bundesrätin vorbildlich erfüllt hat, wurde aus völlig unzureichenden Gründen aus ihrem Amt vertrieben. Es ist ihr Unrecht geschehen. Dagegen sträubt sich mein Gerechtigkeitsgefühl.

Dr. Werner Kägi
alt Professor an der Universität
Zürich

18. September 1990

Sehr geehrte, liebe Madame Hersch,

Noch einmal: Ich habe grosse Freude an Ihrem wichtigen, ja grundlegenden Beitrag. Die Nichtjuristin hat vieles klarer gesehen und weit klarer herausgearbeitet als die Juristen. Sie haben die Kunstgriffe und Unwahrheiten und die «zahllosen Strategien und Verstrickungen», die gegen Frau Kopp mobilisiert wurden, unerbittlich als Ungerechtigkeiten und unhaltbare Vorwürfe aufgewiesen.

Mit strenger Logik und Ihrem grossen Mut haben Sie gegen die «Schnüffelpresse» und den «Schnüffelstaat» Stellung genommen; Sie haben die demokratie- und rechtsstaatsfeindlichen Tendenzen in der ganzen Entwicklung der «Investigationspresse» aufgezeigt und die notwendigen rechtsstaatlich-demokratischen Reaktionen postuliert: gegen die wachsende Macht der Medien und zur rechtlichen Sicherung des Aufstieges der Frau in hohe politische Verantwortungen.

Dass es nicht zu einer heilsamen «catharsis» kommen konnte, ist tief deprimierend und alarmierend. Dass es auch in der «freien Welt» in bestimmten Fällen nicht darum geht, einen Sachverhalt möglichst objektiv darzustellen, sondern nach den politischen Bedürfnissen zu manipulieren, ist hier als grosse Gefahr neu deutlich geworden. Frau Kopp wurde in einem äusserlich scheinbar gesetzlichen Verfahren mit einer unhaltbaren Begründung – also in klar rechtsstaatswidriger Weise – ihres rechtmässig erworbenen hohen Amtes, das sie mit grossem Einsatz und hoher Kompetenz verwaltet hat, beraubt.

15

Sie haben die grosse Aufgabe im Titel Ihres herausfordernden Aufsatzes umschrieben: «Verworrenheit gegen Wahrheit oder wo ist die nackte Wahrheit hingekommen?» Es geht darum, dass wir diese Aufgabe noch klarer anpacken und im Jahr der 700-Jahr-Feier einige mutige Schritte zur Wiederherstellung und Festigung unseres Rechtsstaates tun.

Ich wünsche Ihnen die Kraft zur Fortsetzung Ihres grossen Kampfes für das Recht von Frau Kopp wie für Ihren ganzen Einsatz für Menschlichkeit, Gerechtigkeit und Recht in radikal bedrohter Zeit.

Auch im Namen meiner lieben Frau, die daran stets lebendigen Anteil nimmt!

Herzlich dankbar
Ihr W. Kägi

CHRONOLOGIE EINES FALLES

CHRONOLOGIE EINES FALLES

Jürg L. Steinacher

30. August 1984 bis 24. Februar 1990

Die Abfassung von Chronologien hat immer etwas Unfertiges und – bei aller Genauigkeit – auch etwas Unbestimmtes. Wird man etwa dem folgerichtigen Ereignisverlauf gerecht, wenn man den Beginn einer «Rücktritts»-Chronologie, den Anfang vom Ende also, auf den 27. Oktober 1988 – dem Tag des Telefongesprächs von Bundesrätin Kopp mit ihrem Manne – datiert?
Müsste man nicht eher den 20. Mai 1988 an den Anfang stellen? Wie bitte, Sie können sich unter diesem Datum nichts vorstellen? An diesem Tag hatte die Bundesrätin aus Anlass eines Verlagsjubiläums in Zürich einen Vortrag über «Medien zwischen Macht und Markt» gehalten. Hellhörige Zeitgenossen hatten die Magistratin schon damals gewarnt, dass sie die Medien nicht reizen solle. Tatsächlich: Nie zuvor hatte ein Mitglied der Landesregierung die strukturellen Bedingungen des skrupellosen Enthüllungs- und Hinrichtungsjournalismus ehrlicher – und damit für manchen auch schockierend offen – dargestellt. Nie zuvor wurde auf dieser Ebene der Zerfall der berufsethischen Werte in der Publizistik so zentral zum Inhalt einer öffentlichen Stellungnahme gemacht und die demokratische Funktionstüchtigkeit eines Teils der Medien mit einem Fragezeichen versehen.
Heute liest sich der Vortrag vom 20. Mai 1988 wie ein Postskriptum zum «Fall Kopp» oder zum «Fichen-Skandal» oder...
Chronologien haben auch ihre Tücken, weil sie sehr oft

nur die Spitze des Eisbergs sichtbar machen – während bestimmende Vorgänge im Unter- und Hintergrund unsichtbar und unerkannt bleiben. Genügt es zum Beispiel, nur die öffentlich bekannten Termine und Geschäfte im Alltag der Bundesrätin während der kritischen Zeit zu erwähnen, oder sollte ihre detaillierte Agenda öffentlich gemacht werden, um den Stellenwert zu ermessen, den sie den Vorgängen im jeweiligen Zeitpunkt beimass bzw. den sie aus zeitlichen Gründen beimessen durfte?

Chronologien haben die fatale Eigenschaft, dass sie Macht und Ohnmacht, Recht und Unrecht auf den Umfang einer «chronologischen Meldung» reduzieren und in diesem banalen Zustand einander gleichsetzen. Der geneigte Leser weiss dann schon, wie er die Meldung unter dem 27. Oktober 1988, «Telefon von Bundesrätin Kopp an ihren Mann», zu interpretieren hat.

Weiss der geneigte Leser aber auch, was sich hinter einer Meldung vom Februar 1990 unter der Bemerkung «PUK-Präsidium besucht Bundesgericht in Lausanne» verbergen könnte? Damals wurden Nationalrat Moritz Leuenberger und Ständerätin Josi Meier vor dem Bundesgericht vorstellig, um – wie sie später öffentlich festhielten – ihre Bedenken über eine allfällige Voreingenommenheit des eidg. Untersuchungsrichters anzumelden. Dieser Vorgang war zwar durchaus korrekt, aber warum haben die beiden kundigen Juristen nicht den schriftlichen Weg dazu gewählt? Warum haben sich die beiden umsichtigen Parlamentarier höchstpersönlich nach Lausanne begeben und damit einen schrecklichen Verdacht freigesetzt, der wohl kaum jemals mehr ganz ausgeräumt werden kann – der Verdacht, sie hätten sich unter Missachtung der Gewaltentrennung angemasst, dem Bundesgericht nahezubringen, was die Staatsraison erfodert?

Chronologien sagen nichts aus über die Bedingungen, die Konstellationen und die Zufälligkeiten, die die Ereignisse hervorbringen und den Ereignisverlauf mitbewirken. Ist beispielsweise die emotionsbetonte Konzentration – oder wäre zu schreiben: Fixierung? – auf innenpolitischen Konfliktstoff in den letzten Jahren die zwangsläufig zwanghafte Reaktion auf die schweizerische Verweigerung gegenüber der gesamteuropäischen Herausforderung?

Chronologien sind also nur ein bedingt taugliches Informationsinstrument. Aber sie können in der konzentrierten Zusammenschau verschieden gelagerter Ereignisse eine Grundlage darstellen, um einen Vorgang in der gebotenen Kürze in möglichst vielen Facetten anzudenken.

Nun denn, beginnen wir die Chronologie im August 1984:

30. August 1984
Bereits einen Tag nach dem Rücktritt von Bundesrat Rudolf Friedrich wird Nationalrätin Elisabeth Kopp als aussichtsreichste Kandidatin für das Amt einer Bundesrätin gehandelt.

13. September 1984
Die FDP des Kantons Zürich nominiert Nationalrätin Elisabeth Kopp zuhanden der freisinnig-demokratischen Fraktion der Bundesversammlung als Bundesratskandidatin.

Schon kurz nach der Nomination zirkulieren wilde Gerüchte über den Lebens- und Berufsstil des bekannten Wirtschaftsanwaltes, Medienjuristen und hohen Militärs Dr. Hans W. Kopp.

20. September 1984
In den «Luzerner Neusten Nachrichten» nimmt Nationalrätin Elisabeth Kopp Stellung zu den Vorwürfen, die gegen ihren Mann geäussert werden, und bezeichnet die von unbekannten Gegnern inszenierte Kampagne als eine Schlammschlacht.

21. September 1984
Gegenüber dem «Blick» dementiert Hans W. Kopp die
über sein Privatleben zirkulierenden Gerüchte.
In einem Interview in der «Weltwoche» fordert Nationalrätin Elisabeth Kopp ihre Gegner auf, sich zu erkennen
zu geben.

22. September 1984
Alt Nationalrat Hans Rudolf Meyer, Luzern, behauptet
in den «Luzerner Neusten Nachrichten» erstmals öffentlich, «dass gewisse Ereignisse im Leben von Hans
W. Kopp es absolut nicht zulassen, dass seine Frau auf die
Stufe Bundesrat aufsteigen kann». Hans Rudolf Meyer
lehnt es aber ab, die «gewissen Ereignisse» zu nennen.
Der Schweizerische Freiheitsbund (SFB) zur Wahrung bürgerlicher Rechte, der sich u. a. für die Freiheit des Zürcher
Sexgewerbes einsetzt, versucht mit einer Dokumentation
über angebliche Missetaten von Hans W. Kopp die Wahl
von Elisabeth Kopp in den Bundesrat zu verhindern.

24. September 1984
In einer Erklärung nimmt die FDP des Kantons Zürich zu
den Vorwürfen gegen H. W. Kopp Stellung und bestätigt ihr
volles Vertrauen in die zur Wahl stehende Elisabeth Kopp.
Die FDP-Fraktion der Bundesversammlung beschliesst
mit 34 zu 29 Stimmen, für die Nachfolge von Bundesrat
Rudolf Friedrich dem Parlament eine Doppelkandidatur
der Zürcher Nationalrätin Elisabeth Kopp und des Aargauer Nationalrates Bruno Hunziker zu unterbreiten.

25. September 1984
Die Fraktionen der SVP, CVP, LdU/EVP, Liberalen und
POCH/PdA/PSA beschliessen für die Ersatzwahl in den
Bundesrat Stimmfreigabe. Die sozialdemokratische Frak-
tion unterstützt die Kandidatur von Nationalrätin Elisa-
beth Kopp.

27. September 1984
Mit weiteren «Enthüllungen über Hans W. Kopps Privatleben» wartet der Zürcher Journalist Karl Lüönd – ehe-
maliger Chefredaktor des Gratisanzeigers «Züri-Leu», bei
dessen Übernahme Hans W. Kopp den «Tages-Anzeiger»-Verlag beraten hatte –, in der «Züri-Woche« auf.

28. September 1984
In der «Wochen-Zeitung» (WoZ) publiziert Niklaus
Meienberg unter dem Titel «Anmerkungen zum Flagel-
lantenbüro Kopp – das Unwahrscheinliche ist das Wahre»
eine «Bürogeschichte», die sich im Anwaltsbüro von Hans
W. Kopp abgespielt haben soll.

29. September 1984
Der Bund Schweizerischer Frauenorganisationen (BSF)
missbilligt und verurteilt die Diffamierungskampagne gegen Elisabeth Kopp.

1. Oktober 1984
Bis zur letzten Stunde wird versucht, Einfluss auf die Entscheidung der Parlamentarier auszuüben.

2. Oktober 1984
Mit 124 Stimmen wird Elisabeth Kopp als erste Frau in
den Bundesrat gewählt.

21. Juli 1986
Elisabeth Kopp beauftragt Staatsanwalt Paolo Bernasconi, einen Geldwaschartikel auszuarbeiten.

Februar–Mai 1987
Das Vernehmlassungsverfahren findet statt.

26. August 1988
Die Zeitschrift «Der Schweizerische Beobachter» bezich-

tigt Hans W. Kopp der vorsätzlichen Steuerhinterziehung in Millionenhöhe.
Während Wochen wird dieses Thema in den Medien in unzähligen Berichten, Artikeln und Leserbriefen abgehandelt.

1. September 1988
Die Tageszeitung «24 heures» publiziert einen Artikel über den Goldhandel verschiedener Schweizer Firmen, darunter der Firma Shakarco SA, zwischen der Türkei und der Schweiz. Hans W. Kopp wird mit der Shakarco SA in Verbindung gebracht, mit der er aber nie zu tun hatte.

2. September 1988
In einzelnen Tageszeitungen wird auf die Verbindung von Hans W. Kopp zur Firma Shakarchi Trading AG aufmerksam gemacht.
Jacques-André Kaeslin, Beamter der Bundesanwaltschaft, verfasst aufgrund der Presseberichte eine Aktennotiz an den Chef des Zentralpolizeibüros, worin er schwere Vorwürfe gegen die «Shakarchi» erhebt.

8. September 1988
Über die Shakarchi Trading AG erstellt Jacques-André Kaeslin einen ausführlichen Bericht, den er an Bundesanwalt Rudolf Gerber weiterleitet. Dieser entscheidet, Bundesrätin Elisabeth Kopp darüber nicht zu informieren.

15. September 1988
Jacques-André Kaeslin stellt Antrag auf Eröffnung eines Ermittlungsverfahrens gegen Verantwortliche verschiedener Firmen, so u. a. der Shakarchi Trading AG. Seine Vorgesetzten Adrian Bieri und Rudolf Wyss lehnen ab, da die aufgeführten Beschuldigungen nicht mit einem Minimum an Beweismitteln belegt seien und die Zentralstel-

lendienste mit einem solchen Verfahren überfordert wären.

23. September 1988
Der «Schweizerische Beobachter» veröffentlicht Dokumente, die den Verdacht auf vorsätzliche Steuerhinterziehung erhärten sollen. Zusätzlich will die Zeitschrift von einem neuen Informanten wissen, dass Hans W. Kopp noch weitere Geldzahlungen nicht versteuert habe.

Ende September 1988
Eine in der Oktober-Ausgabe der Zeitschrift «Bilanz» veröffentlichte repräsentative Meinungsumfrage zeigt auf, dass Bundesrätin Elisabeth Kopp mit Abstand das beliebteste Mitglied des Bundesrates ist.

1. Oktober 1988
Jacques-André Kaeslin verfasst ein Grundsatzpapier, das im wesentlichen der Übersetzung eines früher in italienischer Sprache vorliegenden Berichtes entspricht.

7.–9. Oktober 1988
Am Jubiläums-Parteitag der SP zirkulieren Papiere, welche die Shakarchi Trading AG in Zusammenhang mit einer Geldwaschaffäre bringen.

11. Oktober 1988
Bundesanwalt Rudolf Gerber entscheidet, die von Jacques-André Kaeslin am 15. September 1988 gestellten Anträge abzulehnen. Zur Begründung weist er darauf hin, dass kantonale Behörden mit der Angelegenheit befasst seien und demzufolge kein Anlass zu Ermittlungen nach Artikel 259 des Bundesgesetzes über die Bundesstrafrechtspflege bestehe.

Mitte Oktober 1988
Beim Pressedienst des EJPD gehen verschiedene Anfragen von Journalisten betreffend die Shakarchi Trading AG ein.

21. Oktober 1988
Hans W. Kopp behält sich an der Generalversammlung der Shakarchi Trading AG den sofortigen Rücktritt als Verwaltungsrat für den Fall vor, dass die Gerüchte über die Gesellschaft nicht verstummen sollten.

27. Oktober 1988
Bundesrätin Elisabeth Kopp wird von ihrer persönlichen Mitarbeiterin Dr. Katharina Schoop informiert, dass die Firma Shakarchi Trading AG, deren Verwaltungsratsvizepräsident Hans W. Kopp ist, in Zusammenhang mit einer Geldwaschaffäre genannt werde. Dabei gibt Frau Schoop die Quelle ihrer Information nicht preis.

In einem kurzen Telefongespräch bittet Bundesrätin Elisabeth Kopp ihren Mann, aus dem Verwaltungsrat der Shakarchi Trading AG auszutreten. Details wisse Frau Schoop, er solle sie anrufen.

Unmittelbar nach diesem Gespräch ruft Hans W. Kopp die persönliche Mitarbeiterin an und lässt sich von ihr informieren. Ihre Informationen waren ihm schon bekannt oder stellten sich als falsch heraus. Dennoch tritt Hans W. Kopp aus Rücksicht auf das Amt seiner Gattin und im Sinn des ihr gegebenen Versprechens noch am selben Tag aus dem Verwaltungsrat der Shakarchi Trading AG aus.

Der Generalsekretär des EJPD, Samuel Burkhardt, orientiert Bundesrätin Elisabeth Kopp über einen Telefonanruf eines Sekretärs der Bankiervereinigung, der ihm mitgeteilt hat, diese sei in Sorge wegen einer Geldwaschaffäre, in die u. a. auch die Shakarchi Trading AG verwickelt sein solle.

4. November 1988

Der «Tages-Anzeiger» berichtet über einen angeblich sehr grossen Fall von Geldwäscherei, die «Libanon Connection». Die Recherchen der Zeitung sollen ergeben haben, dass die Shakarchi Trading AG in diesem Zusammenhang erwähnt ist. Weiter wird im Artikel auf den Rücktritt von Hans W. Kopp aus dem Verwaltungsrat hingewiesen.

5. November 1988

Die Story vom Vortag wird von praktisch allen schweizerischen Tagesmedien übernommen und zum Teil mit weiteren «Enthüllungen» ergänzt.

6. November 1988

In den Medien wird über einen allfälligen Rücktritt von Bundesrätin Elisabeth Kopp spekuliert.

7. November 1988

Zehn Tage nach dem Anruf an ihren Ehemann erfährt Bundesrätin Elisabeth Kopp durch den Generalsekretär des EJPD, dass die persönliche Mitarbeiterin ihre Informationen nicht nur aus Bankenkreisen, sondern auch aus einer internen Quelle habe.

Jacques-André Kaeslin, Beamter der Bundesanwaltschaft, hatte Dr. Renate Schwob, Juristin beim Bundesamt für Justiz, unter Umgehung des Dienstweges drei Berichte zur Abklärung von rechtlichen Fragen betreffend die Strafverfolgung bei Geldwäscherei übergeben. Diese orientierte in der Folge Dr. Katharina Schoop über den Inhalt von zwei der drei Berichte, insbesondere über einzelne die Shakarchi Trading AG betreffende Punkte. Kopien wurden Frau Dr. Schoop nicht ausgehändigt.

9. November 1988

Bundesrätin Elisabeth Kopp orientiert den Bundesrat über die «Libanon Connection».

10. November 1988
An einer vom Generalsekretär des EJPD einberufenen Sitzung, an der u. a. auch Bundesanwalt Rudolf Gerber teilnimmt, wird über die zwei Telefongespräche orientiert.

15. November 1988
Der Zürcher Bezirksanwalt Andreas Ochsenbein informiert die Medien über eine Strafuntersuchung gegen die Verantwortlichen der Trans K-B AG, deren Verwaltungsratspräsident Hans W. Kopp war.

27. November 1988
In grossen Schlagzeilen berichtet der «SonntagsBlick» über die Trans K-B AG. Das Ermittlungsverfahren gegen die Verwaltungsräte der Trans K-B AG wird in den nächsten Wochen und Monaten in den Medien regelmässig abgehandelt.

28. November 1988
Der Bundesrat beschliesst auf Antrag von Bundesrätin Elisabeth Kopp die beschleunigte Vorlage einer Strafbestimmung über die Geldwäscherei. Bereits 1986 hatte Bundesrätin Elisabeth Kopp, im Rahmen der Revision der Strafbestimmungen über die Vermögensdelikte, alt Staatsanwalt Paolo Bernasconi beauftragt, Vorschläge für die strafrechtliche Erfassung der Geldwäscherei zu erarbeiten.

2. Dezember 1988
Verschiedene Organisationen bekunden ihre Unterstützung der Kandidatur Elisabeth Kopps für die Wahl als Vizepräsidentin des Bundesrates für das Jahr 1989.

6. Dezember 1988
Sozialdemokraten und Grüne beschliessen Stimmfreigabe für die Wahl der bundesrätlichen Vizepräsidentin.

7. Dezember 1988
Bundesrätin Elisabeth Kopp wird mit 165 Stimmen zur Vizepräsidentin des Bundesrates gewählt.

9. Dezember 1988
«Le Matin» berichtet, der Bundesanwalt habe eine Untersuchung eingeleitet zur Abklärung von Indiskretionen aus dem EJPD.
An einer ausserordentlichen Bundesratssitzung, die sie verlangt hat, orientiert Bundesrätin Elisabeth Kopp ihre Bundesratskollegen über das Telefongespräch mit ihrem Ehemann. Sie nimmt die Verantwortung für die Informierung ihres Gatten auf sich.
Um 18.00 Uhr wird eine Stellungnahme zuhanden der Öffentlichkeit der Presse unterbreitet.

10. Dezember 1988
In den Medien wird der Rücktritt von Bundesrätin Elisabeth Kopp gefordert. Die Öffentlichkeit reagiert mit Überraschung und Bestürzung.

12. Dezember 1988
Bundesrätin Elisabeth Kopp gibt ihren Rücktritt auf Ende Februar 1989 bekannt. In ihrer Rücktrittsrede betont sie ihre rechtliche und moralische Unschuld.
Der Bundesrat beschliesst die Einsetzung eines besonderen Vertreters des Bundesanwaltes zur Abklärung der «Indiskretionen».

13. Dezember 1988
Politiker und Medien reagieren mit Erleichterung auf den Rücktritt der Bundesrätin.
Die Zeitungen werden während Wochen mit Leserbriefen, die sich zum Rücktritt von Bundesrätin Elisabeth Kopp äussern, überflutet. Zahlreiche Bürger zeigen sich mit dem Rücktritt unzufrieden und kritisieren die Me-

dien, die mit ihrer Berichterstattung die Amtsabgabe erzwungen hätten.

19. Dezember 1988
Der Bundesrat wählt Staatsanwalt Hans Hungerbühler zum besonderen Vertreter des Bundesanwaltes. Dieser eröffnet ein gerichtspolizeiliches Ermittlungsverfahren.

11. Januar 1989
Staatsanwalt Hans Hungerbühler legt dem Bundesrat seinen vom 10. Januar 1989 datierten Schlussbericht vor. Er beantragt die Aufhebung der Immunität von Bundesrätin Elisabeth Kopp.
An einer Pressekonferenz orientiert Staatsanwalt Hans Hungerbühler die Öffentlichkeit, dass ein dringender und hinreichender Verdacht auf vorsätzliche oder mindestens eventualvorsätzliche Amtsgeheimnisverletzung durch Bundesrätin Elisabeth Kopp und ihre zwei Mitarbeiterinnen Dr. Renate Schwob und Dr. Katharina Schoop bestehe. Das Verhalten von Jacques-André Kaeslin kann seines Erachtens nicht beanstandet werden.

12. Januar 1989
Bundesrätin Elisabeth Kopp gibt ihren Rücktritt mit sofortiger Wirkung bekannt und bittet das Parlament um die Aufhebung ihrer Immunität.

13. Januar 1989
In den folgenden Wochen und Monaten werden die ungeheuerlichsten Anschuldigungen gegen Elisabeth und Hans W. Kopp geäussert. Sie sollten sich in der Folge jedoch als haltlos erweisen.

31. Januar 1989
National- und Ständerat stimmen dem Bundesbeschluss

über die Parlamentarische Untersuchungskommission (PUK) zu.
Die PUK wird beauftragt, die Amtsführung des EJPD und insbesondere der Bundesanwaltschaft zu untersuchen sowie die im Zusammenhang mit der Amtsführung und dem Rücktritt von Bundesrätin Elisabeth Kopp erhobenen Vorwürfe abzuklären.

27. Februar 1989
Der Nationalrat hebt die Immunität von Bundesrätin Elisabeth Kopp auf und wählt Staatsanwalt Joseph-Daniel Piller zum ausserordentlichen Bundesanwalt.

6. März 1989
Gegen Bundesanwalt Rudolf Gerber wird eine Disziplinaruntersuchung eingeleitet.

7. März 1989
Auch der Ständerat hebt die Immunität von Bundesrätin Elisabeth Kopp auf.

3. Oktober 1989
Das Verwaltungsgericht des Kantons Zürich heisst den Rekurs von Hans W. Kopp gegen die staatliche Nach- und Strafsteuerverfügung der Finanzdirektion teilweise gut. Es verneint den Vorwurf der absichtlichen Steuerhinterziehung und stellt fest, dass auch nicht grobfahrlässig gehandelt wurde.

24. November 1989
Nationalrat Moritz Leuenberger und Ständerätin Josi Meier orientieren an einer Pressekonferenz über den PUK-Bericht. Dieser stellt bezüglich der Amtsführung von Bundesrätin Elisabeth Kopp fest, sie habe der Schweiz nach bestem Wissen gedient und ihr Amt kompetent, umsichtig und mit Engagement geführt.

19. Februar 1990
Vor dem Bundesgericht in Lausanne beginnt das Verfahren gegen Bundesrätin Elisabeth Kopp und ihre ehemaligen Mitarbeiterinnen Katharina Schoop und Renate Schwob, die der Verletzung des Amtsgeheimnisses beschuldigt werden. Am ersten Prozesstag werden die drei Angeklagten einvernommen.

20. Februar 1990
Der zweite Prozesstag gilt der Befragung der Zeugen. In den Zeugenstand müssen u.a. Jacques–André Kaeslin, Bundesanwalt Rudolf Gerber und Hans W. Kopp treten.

21. Februar 1990
Am dritten Prozesstag plädieren der Ankläger Joseph-Daniel Piller und die Vertreter der drei angeklagten Frauen. Der ausserordentliche Bundesanwalt fordert für Bundesrätin Elisabeth Kopp eine Busse von Fr. 8000.–, für Renate Schwob eine Busse von Fr. 3000.– und für Katharina Schoop eine Busse von Fr. 2000.–. Die Verteidiger verlangen Freisprüche für ihre Mandantinnen.
Das Schweizer Fernsehen strahlt in der Hauptausgabe der Tagesschau ein Interview mit Strafrechts-Professor Jörg Rehberg von der Universität Zürich aus. Dieser verkündet, ohne die Gerichtsverhandlung mitverfolgt zu haben und ohne Kenntnis der Akten, eine Verurteilung von Bundesrätin Elisabeth Kopp sei unumgänglich.

22. Februar 1990
Die Richter ziehen sich zur geheimen Beratung zurück.

23. Februar 1990
Das Bundesgericht spricht Bundesrätin Elisabeth Kopp und Renate Schwob vom Vorwurf der Amtsgeheimnisverletzung frei. Katharina Schoop wird ein Rechtsirrtum zugebilligt. Von einer Bestrafung wird darum abgesehen.

24. Februar 1990

Mit Schlagzeilen wie «INCROYABLE», «Le TF lave plus blanc» oder «Kein Grund zum Feiern» wird das Urteil des Bundesgerichts in den Zeitungen kommentiert. Die Parteien reagieren unterschiedlich auf den Freispruch von Bundesrätin Elisabeth Kopp. Während die FDP ihr Vertrauen in die rechtlichen Institutionen bekräftigt, üben Vertreter der Sozialdemokratie scharfe Kritik am Urteil.

INSTITUTIONEN UND ÖFFENTLICHE MEINUNG

DIE ZEIT DER UNVERHÄLTNISMÄSSIGKEIT

Elsie Attenhofer

Mitten in der Nacht bin ich gestern erwacht an einem Alptraum. Es ist mir nicht gelungen, ihn aufzuschreiben, denn er hat sich alsbald wieder verflüchtigt. Vage im Sinn geblieben ist mir ein Kind, das gescholten wird und erschreckt einen Schneeball den Hang hinunterrollen lässt. Der Ball wird zur Lawine, die im Tal Häuser und Menschen unter sich begräbt. Leider war nun auch der Schlaf weg. Ich habe mich aufgesetzt und nochmals nach den Zeitungen gegriffen, die ich nachts im Bett zu lesen pflege. Von einer Schlagzeile, die mir in die Augen fällt, werde ich hellwach: «Wann hört das Kesseltreiben gegen alt Bundesrätin Kopp endlich auf?» – Kesseltreiben? Noch immer? Oder immer wieder, obschon fast zwei Jahre vergangen sind seit ihrem erzwungenen Rücktritt? Bemängelt man aufs neue den nachfolgenden, vom höchsten Gericht erklärten Freispruch? Ein Freispruch, der sofort Widerspruch hervorrief bei Presse und Medien, die bereits schon Monate vorher dem irritierten Volk ihr endgültiges Vorurteil «schuldig» eingetrichtert hatten. Man war nicht willens, von dieser Überzeugung, es besser zu wissen, abzugehen, und focht das richterliche Zeugnis «nichtschuldig» an. Man fühlte sich damit auch befugt, dieser Meinung Ausdruck zu geben und die Bundesrätin aufs neue zu verfolgen, sie zu beschimpfen und fertigzumachen bis zum Geht-nicht-Mehr, bis zur Leichenfledderei...
Traurig, dass wir uns damals alle, Mitbürger und Mitbürgerinnen, von diesem jeder Würde baren Sog haben mitreissen lassen! Kaum eine Stimme, nicht einmal die der

bürgerlichen Partei, ist laut geworden, um die aus allen Proportionen geratenen Anschuldigungen zu bremsen, sie auf ihre Richtigkeit zu prüfen, Desinformationen zu enthüllen und zu versuchen, die Fakten richtigzustellen. Wie beispielsweise den voreiligen Verdacht der Amtsgeheimnisverletzung, deren Wortlaut letztlich nie bekanntgeworden ist.

Man steht deshalb heute recht fassungslos vor der Tatsache, dass ein erwiesenermassen harmloses Telefongespräch – niemand und nichts ist zu Schaden gekommen –, das durch irgendwelche Indiskretionen der Presse bekannt wurde, eine Lawine der Vernichtung auszulösen vermochte, die nicht nur zur Tragödie eines Menschen wurde, sondern noch weit darüber hinaus rollt. Die Archive aufbricht, das Land mit Tausenden, den Staatsschutz gefährdenden Fichen überschwemmt – und noch immer überschwemmt – und damit der Welt ein so misslich falsches Image der Schweiz vor Augen führt, dass man sich im Ausland über das Kopfschütteln, dem man begegnet, nicht wundert: Wie geht die Schweiz mit ihren höchsten Magistraten um? Noch dazu mit einer Frau, der ersten Bundesrätin in der Schweizer Geschichte, die erwiesenermassen sich vier Jahre lang um ihr Land verdient gemacht hat?

Ich greife noch einmal nach dem PUK-Bericht und lese die letzten Seiten der «Gesamtwürdigung»:

– Elisabeth Kopp war während vier Jahren Bundesrätin. Sie hat unserm Lande nach bestem Wissen gedient und ihr Amt kompetent, umsichtig und mit Engagement geführt. Die überaus grossen physischen und psychischen Belastungen, die das Amt mit sich bringt, hat sie mit nicht weniger Kraft und Erfolg getragen als andere Bundesräte.

...

Ihre Fehler dürfen für eine gerechte Beurteilung nicht nur für sich allein betrachtet werden, sondern sind auch in ein Verhältnis zum geleisteten Einsatz zum Wohle unseres Landes zu setzen.

Hat man das überlesen? Oder wie rechtfertigt man die würdelose Art und Weise, die Brutalität – die noch hinterher dem Schweizer die Schamröte ins Gesicht treiben sollte –, mit der man unsere erste Bundesrätin vor die Türe gesetzt hat?

Ich lehne mich in die Kissen zurück. Was ist nur mit uns Schweizern los? Warum pendeln wir immer wieder zwischen den Extremen Selbstverherrlichung oder Selbstzerfleischung hin und her? So, als ob es keine Mitte gäbe? Keine Schattierungen zwischen Weiss und Schwarz? Dabei geht es heute um noch weit mehr als Selbstzerfleischung. Es geht ums Kaputtmachen. Nachdem ein Mensch kaputt gegangen ist – «ihr lasst den Armen schuldig werden, dann überlasst ihr ihn der Pein» –, glaubt man auch von unserm Land zu wissen: Es geht kaputt. Man scheut sich nicht, die «Affäre Kopp» in die Schuldenmasse einzubauen, die den Konkurs herbeigeführt hat. Wo blieben die Gegenkräfte vor zwei Jahren? Und wo bleiben sie heute gegen das Kaputtgemachtwerden? Die unverhältnismässig aufgebauschte «Fichen-Staatskrise» sowie die Art und Weise, wie Telefon- und Freispruch-Affäre aufgedeckt und kommentiert wurden, ist auf ein Niveau abgesunken, das jeden engagierten Staatsbürger – wo immer er steht – durch seine Unverhältnismässigkeit tief deprimieren muss.

Die Bedeutung meines Alptraumes von Schneeball und Lawine ist mir klargeworden. Ich bin müde, schiebe das Blatt mit dem «Kesseltreiben» beiseite und lösche das Licht.

AMTSGESCHÄFTE UND PRIVATBEREICH

Pierre Arnold

«Die Befragten waren sich vor der PUK einig, dass Bundesrätin Elisabeth Kopp ihr Departement kompetent und umsichtig geleitet habe. Sie sei vor allem für die Parlamentsgeschäfte sehr gut vorbereitet gewesen und habe jeweils Mitarbeiter des Stabes sowie Sachbearbeiter zugezogen, um sich fachlich besser beraten zu lassen. Gemäss Aussagen der engen Mitarbeiter hat sie entschlusskräftig und speditiv gearbeitet. Die PUK hat keine Beeinflussung durch aussenstehende Personen festgestellt»... (Bericht der Parlamentarischen Untersuchungskommission PUK, S. 72).

«Der Vorwurf, Bundesrätin Elisabeth Kopp sei von einem Schattenkabinett beraten worden, trifft nicht zu... Dass im Gespräch unter Eheleuten auch eine Beeinflussung stattfindet, versteht sich von selbst und darf der Departementsvorsteherin nicht zum Vorwurf gemacht werden.» (Würdigung im Bericht der Parlamentarischen Untersuchungskommission PUK, S. 72).

Hier wird auszugsweise zitiert, was wörtlich im sorgfältig erarbeiteten Bericht der PUK zu lesen steht. Ich habe ihn aufmerksam studiert und nahm auch Kenntnis von den Vorbehalten, die in einigen Punkten gegenüber Frau Kopp angebracht wurden. Darauf will ich später zurückkommen.

Wie die meisten meiner Mitbürger erlebte ich den dramatischen Übergang von der scheinheiligen Lobhudelei zur kaltschnäuzigen Verketzerung einer Person mit innerer Bewegung. Als das Bundesgericht seine Erwägungen veröffentlichte, war ich Zeuge der unterschiedlichen Reaktionen auf das Urteil. Ich machte mir meine eigenen Gedanken und kam zum Schluss, dass ich meine Meinung öffentlich darlegen sollte. Für mich handelte es sich angesichts der psychologischen Kampagne um eine menschliche Verpflichtung. Dabei bin ich mir durchaus bewusst, dass ich das Risiko persönlicher Verunglimpfungen eingehe, die ich mir mit einem opportunistischen Stillschweigen ersparen könnte.

Frau Jeanne Hersch, für die ich eine aufrichtige Bewunderung und einen tiefen Respekt empfinde, bat mich, am vorliegenden Buch mitzuwirken. Ihre Überzeugungskraft, die sie mit Zurückhaltung und Willensstärke zu verbinden wusste, löste in mir das erwartete Echo aus.

Mein Lebtag habe ich mich nie an Frau Kopp gewandt, um mir von ihr eine Gefälligkeit oder eine Hilfestellung, ja nicht einmal eine Auskunft zu erbitten. Ihr dezentes Auftreten und die Ernsthaftigkeit, mit der sie ihre Arbeit verrichtete, nötigten mir jedoch stets Achtung ab. Darüber hinaus freute es mich, dass eine Frau zu den höchsten Ämtern in unserem Land aufgestiegen war. Die gleichen Gefühle hatte ich übrigens auch Frau Uchtenhagen entgegengebracht, auch wenn ich ihre politischen Meinungen nicht teile. Dass sie mit ihrer Bundesratskandidatur scheiterte, bedauerte ich lebhaft. Als dann endlich eine Frau in die Landesregierung gewählt wurde, empfand ich eine grosse Genugtuung. Um so schmerzlicher traf mich der jähe Fall von Frau Kopp. Er kam mir als Ungerechtigkeit gegenüber allen Frauen unseres Landes vor, deren Hoffnungen und berechtigte Ansprüche an der ersten Bundesrätin gehangen hatten.

Aus meiner Bereitschaft zur Mitwirkung an diesem Buch konnte Frau Kopp die positive Einstellung erkennen, die ich ihr gegenüber habe. Sie schrieb mir in einem Brief, dass sie mich gerne persönlich treffen würde. Das war am Anfang dieses Jahres (1990), eine Weile nach der Affäre um ihre Person. Während mehr als einer Stunde unterhielt ich mich mit ihr unter vier Augen. Ihre Äusserungen und Antworten auf meine Fragen, ihre Aufrichtigkeit und ihr Freimut waren dazu angetan, mich in meinen Überzeugungen zu bestärken.

Der Ablauf der Ereignisse

Der politische Weg, den Elisabeth Kopp zurücklegte, sei kurz in Erinnerung gerufen: Gemeinepräsidentin von Zumikon, Zürcher Nationalrätin, dann Bundesrätin und für eine kurze Zeit sogar Vizepräsidentin der Landesregierung.

Dank ihrer Liebenswürdigkeit und ihrer natürlichen Autorität stiess sie überall auf Sympathien. Sie stieg am politischen Firmament wie ein strahlender Stern auf und wurde Gegenstand von Schmeicheleien, die gewisse Befürchtungen aufkommen liessen. Schwärmereien dieser Art bedeuten nicht unbedingt gute Vorzeichen, denn sie rufen gern entgegengesetzte Reaktionen hervor.

Als Justizministerin musste Frau Kopp gewichtige Dossiers als Erblast übernehmen, namentlich solche über die Flüchtlingspolitik, wo die entsprechenden Gesetze bereits erlassen waren. Sie sah sich genötigt, diese gesetzlichen Schranken zu respektieren, doch es gelang ihr, auch solche Behinderungen mit Leichtigkeit zu überwinden.

Die Demokratien haben ein kurzes Gedächtnis. Erinnern wir uns in diesem Zusammenhang, dass unser Land von Spionageaffären heimgesucht wurde, vom Drogenhandel, von der Geldwäscherei und insbesondere vom internationalen Terrorismus. Man darf auch nicht vergessen, dass der föderalistische Aufbau unseres Staates die Arbeit der Fahnder im Hinblick auf den Staatsschutz nicht gerade erleichtert. Gleichwohl obliegt jenen, welche die Verantwortung für die Bewahrung unserer Unabhängigkeit, unserer Sicherheit und unserer Freiheit tragen, die Verpflichtung, die entsprechenden Schutzmassnahmen zu ergreifen.

Bekanntlich kam es da und dort zu peinlichen Übertreibungen. Sie sind an sich nicht ungewöhnlich, denn in diesem Bereich spielt sich alles in einer Atmosphäre der Geheimhaltung ab, welche die Übertretung von Grenzen be-
günstigt.

Wie wir feststellen konnten, beurteilte die PUK die Arbeit
von Frau Kopp als sorgfältig, speditiv und gewissenhaft.
Dieses Kompliment fällt um so schwerer ins Gewicht, als
die PUK alle Details sehr genau unter die Lupe nahm.
Der Ablauf der Geschäfte im Departement ist Stunde für
Stunde, ja Minute für Minute laufend dokumentiert. Von
ihrer Aufgabenstellung her musste die Kommission nach
dem «Haar in der Suppe» suchen und überprüfte sämtliche Antworten, indem sie diese mit anderen Aussagen
konfrontierte. Die Offenlegung auch scheinbar belanglo-
ser Einzelheiten wurde bis zum Punkt getrieben, der es
hätte möglich machen müssen, der Hauptperson eine
Amtspflichtverletzung nachzuweisen. Doch es wurden
keine wesentlichen Fehler gefunden, ausser Nebensäch-
lichkeiten, wie wir noch sehen werden.

Gehetzt von einer angriffigen Presse, im Stich gelassen
von einem Teil ihrer politischen Freunde und angesichts
von haltlosen, bis zum Exzess aufgebauschten Verdächtigungen entschloss sich Elisabeth Kopp, das Staatsruder
aus den Händen zu geben. Sie wollte damit nicht zuletzt
den Ansturm der Leidenschaften beruhigen, der ihr so
schwer zusetzte.

Nun schlug die frühere Schmeichelei in Gehässigkeit um.
Es handelte sich um eine psychologische Abstossung, genauer um die Lösung von Gefühlsbindungen im Verein
mit einem Meinungsumschwung. Dieser Vorgang vollzog
sich mit allen Anzeichen der Übertreibung und mit kaum
vorstellbarer Unverhältnismässigkeit. Angesichts eines
derartigen Ausbruchs bleibt man sprachlos und kann es
nur bedauern, dass eine Mehrheitsmeinung so leicht in ihr
Gegenteil umschlagen kann.

Doch es gab einen Trost in dieser stürmischen Zeit. Der damalige Bundespräsident Jean-Pascal Delamuraz begleitete seine Kollegin erhobenen Hauptes zu ihrem Wagen und gab ihr öffentlich den Abschiedskuss. Ich bezeuge an dieser Stelle meine Bewunderung für die würdige Geste eines Mannes, der sein Wort hielt und treu und aufrichtig blieb.

Elisabeth Kopp durchschritt den Zenit ihres Ansehens bis zum gegenüberliegenden Punkt. Sie kennt die Last der Verlassenheit, des Schweigens und des Verzichts. Sie trägt sie mit Fassung.

Das Bundesgericht verhalf ihr zu ihrem Recht in einem Prozess, den man hätte vermeiden können. Es erkannte auf keine einzige strafbare Handlung.

Nach dem Bundesgerichtsurteil hörte ich, wie intelligente und vernünftige Persönlichkeiten, sogar Professoren, den höchstrichterlichen Spruch kritisierten, weil er nach ihrer Ansicht den politischen Verumständungen nur ungenügend Rechnung trug. Alles in allem verlangten sie eine Verurteilung und eine Bestrafung nach dem Geschmack der Öffentlichkeit. Wo findet man unter solchen Umständen eine wirkliche Gerechtigkeit? Trotzdem gab es eigentlich keinerlei Unklarheiten. Frau Kopp hatte keine strafbaren Fehler begangen, nicht einmal eine grobe Fahrlässigkeit. Damit komme ich zu den Einzelheiten, die von der PUK kritisiert wurden. Es handelt sich um jene Details, welche die Keime des Verhängnisses enthielten.

Versetzen wir uns in die Stimmung jener Tage. Das Flüchtlingsproblem nimmt gefährliche Ausmasse an. Wohlmeinende Leute verlangen eine Lockerung der Restriktionen, ganz im Gegensatz zu den Gesetzen und Verordnungen, die auf demokratische Weise zustande gekommen waren. Dieser Überschwang der Gefühle ruft eine Gegenbewegung auf den Plan, die nicht weniger gefährlich ist. Protestiert wird sowohl gegen eine angeblich unmenschliche Behandlung von Flüchtlingen als auch gegen jene, die schuld an der «Überfremdung» sind.

Elisabeth Kopp bezieht mutig Stellung. Ihre Richtschnur ist die Achtung vor dem Gesetz. Man befindet sich im Vorfeld der am Jahresende stattfindenden Wahlen. Es besteht die Aussicht, dass eine Frau das Vizepräsidium des Bundesrates bekleiden wird, Sprungbrett für das höchste Amt im Staate. Die Gemüter sind erregt. Elisabeth Kopp steht unter Druck. Ihr tägliches Programm ist überladen. Jede Minute zählt. Sie eilt von Sitzung zu Sitzung, muss einen Stundenplan einhalten und gleichzeitig gewichtige Akten ordnen.

In dieser gespannten Atmosphäre, die mit Fussangeln geradezu gespickt ist, muss die Bundesrätin handeln und reagieren. Ihre Mitarbeiterin lässt ihr die vertrauliche Mitteilung zukommen, dass die bekannte Aktiengesellschaft Shakarchi, in welcher ihr Gatte als Vizepräsident des Verwaltungsrates amtet, der Geldwäscherei verdächtigt wird. Eine Woche zuvor hatte Hans Kopp zurücktreten wollen. Leider entschied er sich dann aber erst in letzter Minute dazu.

In Windeseile, sozusagen zwischen Tür und Angel, greift Frau Kopp zum Telefon und gibt ihrem Ehemann den Rat, aus der Shakarchi auszutreten. Sie fügt bei, dass ihre Mitarbeiterin, von der die Information stammt, ihm mehr dazu sagen könne.

Tatsächlich glaubt Elisabeth Kopp, ohne sich persönlich zu vergewissern, dass es sich um ein öffentliches Gerede und nicht um eine amtliche Information handelt. Über diesen Punkt sind sich sowohl das Bundesgericht als auch sämtliche Zeugen einig. Niemand hat den Beweis erbracht, dass es sich um eine Verletzung des Amtsgeheimnisses handelte.

Hier angelangt, sollten wir uns fragen, von welchem Geheimnis eigentlich die Rede sein könnte. Hans W. Kopp ist Vizepräsident der Shakarchi. Ob er demissioniert oder nicht, ändert an der Sachlage keinen Deut und entlastet ihn auch nicht von seinen Verantwortlichkeiten. Wenn die Shakarchi AG tatsächlich gegen die Gesetze verstossen hätte, bliebe Kopp dafür auf Jahre hinaus strafrechtlich haftbar.

Doch bis zum heutigen Tag ist Herr Shakarchi noch immer frei. Trotz einer erbarmungslosen Jagd, welche die mit der Beweisführung beauftragten Untersuchungsorgane gegen ihn veranstalteten, ist er bis anhin nicht verurteilt worden. Vor diesem Hintergrund reduziert sich das ominöse Telefongespräch auf seine tatsächliche Dimension und zeigt die Haltlosigkeit der diesbezüglich gegen Frau Kopp erhobenen Vorwürfe auf.

Über Sinn und Unsinn von Amtsgeheimnissen könnte man sich wirklich seine Gedanken machen. Ich bin überzeugt, dass Tag für Tag massenhaft Amtsgeheimnisse verletzt werden. Versetzen wir uns nur in Gedanken in ein dem Palais fédéral benachbartes Café mit ähnlichem Namen, wo ein früherer Bundesrat sehr häufig verkehrte. Man brauchte sich bloss in seiner Nähe aufzuhalten, um Mithörer wirklicher Amtsgeheimnisse zu werden.

Nun wollen wir der Frage nachgehen, ob es sich nicht eher um einen Fall aus dem Intimbereich als um ein Amtsgeheimnis handelte. Der Bericht der PUK hält dazu fest: «Dass im Gespräch unter Eheleuten auch eine Beeinflussung stattfindet, versteht sich von selbst und darf der Departementsvorsteherin nicht zum Vorwurf gemacht werden.» Demnach ist es völlig natürlich, dass zwei Personen, die miteinander leben, sich unterhalten, sich beraten, aufeinander hören und Ideen austauschen. Das betrifft nur sie allein. Darüber hinaus bilden die beiden Personen eine Einheit, wie sie in der Bibel beschrieben wird. Was sie untereinander austauschen, bleibt ihr Geheimnis und soll nicht unter die Leute kommen, solange sie bloss unter sich darüber sprechen. Ausserdem bin ich davon überzeugt, dass Frau Kopp gerade in ihrer Eigenschaft als Justizministerin auch während der Nacht amtliche und dringende Telefonanrufe erhielt, um schwerwiegende Vorfälle zu bereinigen. Der Ehegatte erhielt im Verlauf seines gestörten Schlafes notwendigerweise von wirklichen Geheimnissen Kenntnis. Andererseits ist es offensichtlich, dass die Staatsgeschäfte einzig jenen Ehegatten etwas angehen, der in das hohe Amt gewählt wurde.

Wie stellt sich dieses Telefongespräch ohne Bedeutung dar, wenn man dem Problem auf den Grund geht? Möglicherweise wurde es nur zum Vorwand für eine psychologische Explosion von beispiellosem Umfang genommen.

Gewisse Leute, die ihre Wünsche mit der Wirklichkeit verwechseln, beschuldigen Frau Kopp der Lüge. Im PUK-Bericht fand ich keinen einzigen Hinweis, der als Stütze für eine solche Anklage dienen könnte. Richtig ist, dass Frau Kopp nicht alles sofort zugab. Das ist aber etwas ganz anderes, zumal sie im vorliegenden Fall keine Geheimnisse zu lüften hatte.

Dazu nochmals der PUK-Bericht:

«Für ihre Fehler, die zu ihrem Rücktritt führten, hat sie die politische und rechtliche Verantwortung zu übernehmen. Doch dürfen diese für eine gerechte Beurteilung nicht nur für sich allein betrachtet werden, sondern sind auch in ein Verhältnis zum geleisteten Einsatz zum Wohle unseres Landes zu setzen» (S. 217).

«Das Telefongespräch... ist zwar Ausgangspunkt für den späteren Rücktritt aus dem Bundesrat, nicht aber dessen Hauptursache. Gravierender ist ihr Verhalten nach dem Telefongespräch. Sie orientierte den Bundesrat nicht, auch nicht zu einem Zeitpunkt, zu dem sie mit Sicherheit wusste, dass die weitergegebene Information aus der Bundesanwaltschaft stammte... Sie versuchte, ihre persönliche Mitarbeiterin dazu zu überreden, die Verantwortung auf sich zu nehmen und den Sachverhalt gegen aussen wahrheitswidrig darzustellen. Sie stellte unwahre öffentliche Äusserungen ihres Ehemannes nicht richtig, obwohl sie dazu in der Lage gewesen wäre» (S. 217 der deutschsprachigen Version des Berichts).

Versuch oder Versuchung? Kann man auf dem Höhepunkt einer solchen Auseinandersetzung jemanden dafür tadeln, dass er unter allen möglichen Lösungen jene wählte, die in dieser Situation überhaupt noch anwendbar waren? Die Kommission brauchte Wochen einer peinlichen Untersuchung, um auf den «gravierenden» Vorwurf des Versuchs zu kommen. Man war sehr erpicht darauf, einen grossen «Fall» aufzuziehen.

Beweggründe einer Verkettung

Das Feuerwerk, das sich am helvetischen Himmel so explosiv entlud, schliesst verschiedene Ursachen mit ein. Gleichwohl sollten wir versuchen, die Sprengkörper auszumachen, die zum Einsatz gelangten.

Die Auseinandersetzung um die Flüchtlinge bildete das Vorspiel. Rücksichtslos versuchten gewisse Kreise unter Missachtung des Gesetzes, die Zahl der Asylsuchenden zu vergrössern. Auf der anderen Seite liessen sich erbärmliche Hitzköpfe zu Übergriffen gegen Asylanten hinreissen. Hier liegen schwierige Probleme begründet, die wir lösen müssen, wenn wir einen Ausgleich zwischen den Erfordernissen einer Kontrolle und den Geboten der Menschlichkeit anstreben.

Die Affäre um das ominöse Telefongespräch weitete sich aus, als es zu dem Konflikt um den Bundesanwalt kam und – in seinem Gefolge – zur Aufdeckung des «Fichenskandals».

Die Politiker graben gerne in den Verwerfungen der Geschichte, wobei sie ganz munter jene Richtungen einschlagen, die am wenigsten kontrollierbar sind. Die Eisenfresser sehen sich stets belohnt... Es gab Präsidenten von Untersuchungskommissionen, die Bundesräte wurden. Im Schein der Medien ernteten sie die Früchte ihrer Anstrengungen und der geleisteten Dienste. Die Affäre Kopp erlaubte es ihnen, ihre brillanten Qualitäten vorzuzeigen, um noch mehr zu glänzen.

Auf diesem etwas schwammigen Grund gingen einige politische Rechnungen auf, andere wurden überzogen oder neutralisierten sich gegenseitig. Der Ostblock kippte um, die Mauer stürzte ein. Die sozialistische Ideologie ist im Begriff, hoffnungslos dahinzuschwinden. Die zerstörten Träume suchen ihre Kompensation nunmehr im Angriff auf die bürgerlichen Bastionen. Unter dem Mantel der Sauberkeit dient die «Affäre Kopp» dazu, gefahrlosere Wege zu suchen, nämlich mehr in der Mitte und weniger links. Hinzu kommt die Ratlosigkeit der politischen Gruppen auf der Seite von Frau Kopp; eine Ratlosigkeit, die bis zur Preisgabe führte.

Was die Rolle der Presse betrifft, so ist sie zwar bestimmend, aber sehr schwierig aufzuschlüsseln. Es ist gar keine Frage, dass den Journalisten die Aufgabe zukommt, zu recherchieren und die Wahrheit zu enthüllen. Ihnen steht es zu, die Öffentlichkeit zu informieren und gute Argumente vorzubringen. Dabei lassen sie die Gerichte durch ihre schnelle Arbeit meist hinter sich. Sie sind dazu verpflichtet, wobei der Antrieb allerdings nicht sportlicher Ehrgeiz sein sollte, sondern Ernsthaftigkeit und Verantwortungsgefühl. Da sie sich hinter die schutzwürdige Anonymität ihrer Informanten zurückziehen können, müssen sie die Verantwortung für ihr Tun übernehmen und tragen auch die Konsequenzen. Die Gefahr einer Rückkehr zu den öffentlichen Tribunalen des Mittelalters ist kaum zu leugnen. Es erscheint unerlässlich, einen Mittelweg zu finden zwischen der Forderung nach grösstmöglicher Transparenz und dem Respekt vor dem Anspruch von Frauen und Männern auf wirkliche Gerechtigkeit und Wiedergutmachung von Unrecht, das ihnen widerfuhr.

Dass die Affäre Kopp ihren Sprengsatz in der Presse fand, ist wohl unbestritten. Die Tatsache, dass einige Medien förmlich ausser Rand und Band gerieten, war mit dafür verantwortlich, dass eine Frau einen Sturz erlebte, den sie in dieser Brutalität wirklich nicht verdiente. Gleichwohl hätte die Information durchaus heilsam sein können, wäre sie nicht selbst ausser Kontrolle geraten.

Wir wollen aber bei alledem nicht vergessen, dass die Medien sehr weitgehend ein Abbild der Öffentlichkeit darstellen. Niemand ist verpflichtet, eine Zeitung zu lesen oder Radio- und TV-Sendungen zu verfolgen. Man kann auswählen, und zwar im Guten wie im Schlechten.

Leser, Zuhörer und Zuschauer sind gierig nach Skandalen, Schauergeschichten und Kalamitäten. Eine gute Nachricht ist keine Nachricht! Nicht zuletzt deshalb befindet man sich ständig auf der Suche nach neuen Reizthemen. Die Tendenz geht in Richtung auf Kritik, auf kurzen und endgültigen Prozess: entweder schwarz oder weiss, aber niemals schattiert.

Sollte man nicht auch in dieser Beziehung die Leute ermutigen, sich in bezug auf ihre Meinungsbildung verantwortlich zu fühlen und zu einer Haltung zu stehen, ohne sich von wilden und zerstörerischen Wogen mitschwemmen zu lassen? Wir wenden uns an den vernünftigen und verantwortungsvollen Menschen, der in seinem Bedürfnis nach Kritik und Anerkennung sachlich bleibt.

In der Demokratie unserer Tage zählen nicht allein die Stimmen. Die Gleichung ist komplizierter, denn man muss die Handlungen miteinrechnen. Es kann vorkommen, dass eine Minderheit obenauf schwimmt, weil das Ergebnis ihrer Stimmen mit dem Faktor einer überspannten Aktion zu multiplizieren ist. Dann wiegen diese Stimmen effektiv stärker als jene der Mehrheit, deren Aktion zurückhaltend und moderat verlief.

Die Lehre, die daraus gezogen werden muss, ist einfach. Der Bürger soll ohne Übertreibung, aber auch ohne Nachgiebigkeit handeln, wenn er seinen Willen nach Ausgleich und demokratischer Ausmarchung kundtun will. So finden unsere liberalen und sozialen Institutionen ihren Weg in Richtung Wohlstand, Gerechtigkeit und

Glück für die Menschen, welche nach Wahrheit und Besonnenheit streben.

Es bleibt noch die Haltung von einzelnen Regierungsorganen und Behörden zu betrachten, die gerade in diesem Fall jede Autorität vermissen liessen. Anstatt Ausflüchte zu suchen, zu zögern oder sich von der Hektik treiben zu lassen, hätten sie besser daran getan, energische Massnahmen zu treffen und die Position des für die Sicherheit verantwortlichen Staates zu markieren, im Interesse unserer Zukunft.

Die Fichenaffäre ist peinlich. Wir wurden zum Gespött in Europa und darüber hinaus. Sollte der Staat mich fichiert haben, so wäre ich darüber vergnügt. Da ich ein ruhiges Gewissen habe, würde ich gar keinen Wert darauf legen, den Inhalt zu kennen. Ich möchte mich lieber in der Sicherheit eines demokratischen und liberalen Staates aufgehoben wissen, als anderswo registriert zu sein.

Den Bericht der PUK halte ich für erschöpfend, auch wenn er in gewissen Punkten und Folgerungen Schwächen aufweist. Im Fall von Frau Kopp kann ich allerdings keinen Fehler entdecken. Das Resultat ist seltsam. Bei der Lektüre könnte man dazu neigen, den Fall Kopp für gravierend zu halten, auch wenn der nackte Bericht kaum eine Spur erkennen lässt. Diese fehlende Logik erklärt möglicherweise die psychologische Überlastung derer, die im Bericht Argumente zu finden glaubten, die tatsächlich gar nicht existieren. Erstaunlich ist das Verhalten einiger Urkantone, die dafür zu tadeln sind, dass sie versuchten, das Gesetz über die Aufenthaltsbewilligungen willkürlich zu interpretieren. Das hinterliess bei mir einen schlechten Eindruck und verdient seinerseits eine Verurteilung.

Bei der Lektüre des Berichts kann einer bloss froh sein, dass er nicht dieser peinlichen Untersuchung all seiner Worte, seiner Notizen und seiner Anweisungen während der Phase einer konkreten Aktivität unterzogen wird. Einige von ihnen hätten Mühe, aus einer solchen Untersuchung und Sezierung unbeschadet herauszukommen. Insgesamt aber anerkenne ich unter dem Strich den Wert der von der Kommission geleisteten Arbeit.

Bleibt noch der Fall von Hans W. Kopp. Bei seinem Talent, seiner Intelligenz und seiner Rechtskenntnis bleibt er in meinen Augen rätselhaft. Ich bin mit ihm gut bekannt, denn er hat während meiner beruflichen Laufbahn etliche Prozesse mit Kompetenz geführt. An seiner Stelle hätte ich allerdings jede kommerzielle Beratungstätigkeit aufgegeben, um mich um so mehr am Erfolg meiner Gemahlin zu freuen. Ich hätte ihr den Vortritt gelassen, um sie in ihrer wichtigen Aufgabe nicht zu behindern.

Das ist leichter gesagt, wenn man nicht Hans Kopp heisst. Letztlich aber blieb auch nach der Aussage der PUK sein Einfluss beschränkt. Aber auch wenn man sein Verhalten nicht begreifen kann, muss man zugeben, dass die Bürde von Frau Kopp nicht leicht zu tragen war.

Erneuerung tut not

Nach einem Schlag ist es leicht zu urteilen, wenn man die Hitze des Gefechts vergisst. Dessen ungeachtet kann ich behaupten, dass ich wahrscheinlich anders als Frau Kopp gehandelt hätte, getreu meinen Überzeugungen über die notwendige Transparenz der Führungstätigkeit.

Aber ich mache aus meiner Bewunderung für die von Frau Kopp geleistete Arbeit, für ihre Energie, ihre psychische Widerstandskraft und ihren Willen zur Überwindung der Isolation keinen Hehl. Sie ist nicht gescheitert. Trotz gewisser Hindernisse, die sie nur schlecht überwand, hätte sie Dankbarkeit und Respekt verdient. Im Augenblick, da sie ihn einreichte, war ihr Rücktritt fällig. Aber er hatte eine Ungerechtigkeit zur Folge.

Heute verdient Frau Kopp Ruhe und Achtung. Sie sollte sich wieder dazu aufraffen, ihr Talent und ihre Sachkunde zur Geltung zu bringen. Ich wünsche ihr das von

Herzen als Bürger, welcher auf Recht und Gerechtigkeit vertraut, auf den Sieg der Wahrheit und jenseits von Berechnung und Gefälligkeit. Dann wird die «Affaire» vielen Bürgerinnen und Bürgern erlauben, nachzudenken und dahin zu wirken, dass die Demokratie, die uns teuer ist, wirklich lebt. Schliesslich hoffe ich darauf, dass bald wieder eine Frau in die höchsten Ämter unseres Staates aufsteigt. Nur so kann der Mangel an Gerechtigkeit und Anerkennung gegenüber unsern Mitbürgerinnen behoben werden.

VERWORRENHEIT GEGEN WAHRHEIT
ODER
WO IST DIE NACKTE WAHRHEIT
HINGEKOMMEN?

Jeanne Hersch

Es sind nun mehr als zwei Jahre her, seitdem Elisabeth Kopp den Bundesrat verlassen hat. Für jemanden wie ich, der diese erlebte Geschichte Tag für Tag verfolgt hat, in der Presse wie in den elektronischen Medien, sollte es doch möglich sein, sich ein klares Bild von dem zu machen, was eigentlich vorgefallen ist. Doch nein, es gelingt mir einfach nicht – frei heraus gesagt, es gelingt mir immer weniger. Es ist, als ob jedes Ergebnis der vielen Untersuchungen die Verworrenheit vergrössern würde, als ob die verschiedenen Nachforschungen die Probleme flattern liessen, so dass keine Gewissheit aufkommen kann.

Worum handelt es sich tatsächlich? Um eine Frau, die, Ende 1984 zur Bundesrätin gewählt, das EJPD führte, dann Ende 1988 Vizepräsidentin des Bundesrates wurde und die während dieser vier Amtsjahre, obschon manchmal angefochten, doch aus allen politischen Kreisen Lob erhielt, Respekt und Bewunderung genoss. Und plötzlich stürzte sie. Ihre Immunität wurde aufgehoben, sie musste abtreten und kam sogar vor Gericht, dies alles innerhalb weniger Wochen.

Was hatte sie denn verbrochen? – Ihr Mann war Vizepräsident eines bestimmten Verwaltungsrates. Eines schönen Tages teilte ihr ihre engste Mitarbeiterin mit, dass die betreffende Gesellschaft unter dem Verdacht stehe, Drogengelder gewaschen zu haben. Frau Kopp rief ihren Mann sofort an, teilte ihm den Verdacht mit und ersuchte ihn, sofort aus dem Verwaltungsrat auszutreten. Da sie selber zu einer Sitzung erwartet wurde, riet sie ihm noch, sich nach Einzelheiten bei ihrer Mitarbeiterin zu erkundigen, was er auch tat. Am gleichen Tag trat er von seinem Verwaltungsratsmandat zurück.

Ohne diesen ihren Anruf – von dem übrigens mehrere Mitarbeiter ihres Departementes fast gleichzeitig Kenntnis gehabt haben – zu verbergen, ohne irgend jemandem Schweigen darüber aufzuerlegen, unterliess es Frau Kopp, darüber zu sprechen. Sie gab den Anruf erst öffentlich zu, als in den Medien davon die Rede war.

Dies sind die nackten Tatsachen gewesen. Und das ist alles.

Als das Geständnis der Bundesrätin öffentlich wurde, spalteten sich die Meinungen. In politischen und juristischen Kreisen befand man, dass die Bundesrätin ihre Funktion missbraucht habe, um ihren Mann durch eine entsprechende Warnung zu schützen, wodurch sie einen politischen und juristischen *Fehler* (Amtsmissbrauch) begangen habe, verstärkt durch einen moralischen Fehler (Verheimlichung oder Lüge durch Verschweigen).

In der «Öffentlichkeit» aber, unter dem Einfluss der täglich neu verbreiteten Informationen, ging es um ein *Verbrechen:* Indem sie ihren Ehegatten warnte, dessen alte und neue umstrittenen Auseinandersetzungen in der Armee, mit den Steuerbehörden und der Justiz hervorgezogen wurden, machte sich die Bundesrätin in der «veröffentlichten Meinung» der Begünstigung schuldig und wurde zur *Komplizin einer Drogen- und Geldwaschaffäre.* Dadurch sahen sich in erster Linie diejenigen Kreise beschmutzt, die am Ursprung der Wahl gestanden hatten: die Zürcher Institutionen, die FDP, die Regierung und das Parlament. Demzufolge sollte nichts unterlassen werden, um dem Volk zu beweisen, dass man die Situation beherrsche, indem man sämtliche Aspekte voll ans Licht ziehen werde.

So setzte man eine *riesige politisch-juristische «Kriegsmaschine»* in Gang, mit moralischen, psychologischen und soziologischen Ablegern, eine Maschinerie, wie es sie in der ganzen Schweizergeschichte vorher nie gegeben hatte. Aber freilich war auch die Lage, in der man sich befand, vollkommen neu. Eine doppelte eidgenössische Untersuchungskommission wurde bestellt, die eine im Nationalrat, die andere im Ständerat, jede mit ihrem eigenen Präsidenten. Schliesslich arbeiteten beide zusammen und legten einen gemeinsamen Bericht vor. Gleichzeitig wurde Bundesanwalt Gerber in Frage gestellt. Man ernannte einen besonderen Vertreter des Bundesanwalts, den Basler Hans Hungerbühler, mit dem Auftrag, die Zusammenhänge des ominösen Telefonanrufes zu ermitteln. Alt Bundesrichter Arthur Häfliger wurde mit einer administrativen Untersuchung betraut, und bald traten der eidgenössische Untersuchungsrichter Koeferli und der a.o. Bundesanwalt Piller auf den Plan.

Hier muss man beifügen, dass parallel zu den Untersuchungen dieser Kommissionen und Richter die «Recherchierpresse» weiterhin «ihre Pflicht tat». Ebenso die elektronischen Medien. Während einer gewissen Zeitspanne hat das Schweizervolk ein sensationelles, aus verschiedenen Quellen reichlich versorgtes Feuilleton zur Lektüre bekommen, welches die Leute aus ihrer berühmten «Langeweile» riss.

Ich bin nicht Juristin. Aber schliesslich ist eine überwiegende Mehrheit der Bürger und Bürgerinnen im gleichen Fall. Und ich frage mich, ob sie besser als ich verstanden haben, wie die verschiedenen Kompetenzen unter den vielen Organen aufgeteilt wurden. Mir sind sie jedenfalls nie klar genug erschienen.

Zu Anfang haben jedenfalls alle ein gleiches Postulat aufgestellt: Hans W. Kopp, der Gatte der Bundesrätin, sei eine verdächtige Figur, die sehr wahrscheinlich durch die Firma Shakarchi Trading AG, deren Verwaltungsrat er angehörte, im Drogenhandel involviert war. In verschiedenen Zeitungen wurden alte Geschichten wieder aufgewärmt, die über ihn zirkulierten, Geschichten, die bereits zu der Zeit veröffentlicht und beurteilt worden waren, als die Diskussion über die Kandidatur von Frau Kopp als Bundesrätin geführt wurde (cf. «Züri Woche» vom 27. September 1984). Man ist damals darüber hinweggegangen und zur Wahl geschritten. Warum kam man dann im Jahre 1988 darauf zurück? Um die scheinbar einzige Deutung des berühmten Telefonanrufs glaubhaft zu machen, die im Umlauf war: Frau Kopp habe ihren Ehemann angerufen, weil sie ihn, den sie für schuldig hielt, schützen wollte. Eine Auslegung übrigens, die ihr einige menschliche Sympathien eingetragen hat.

Auf diese Weise, durch die Reaktualisierung einer fernen Vergangenheit, gewann der Fall eine neue Dimension. Später kamen auf ähnliche Art endlose Weiterungen hinzu, durch die «Fichen»-Affäre und einiges mehr. So wurde die Tatsache getarnt, dass die Riesenmaschine, eingesetzt, um Licht in die Angelegenheit zu bringen, um Wahrheit und Vertrauen wieder herzustellen, schliesslich eine Maus gebar.

In der Tat: Welches war der Ausgang? Die zurückgetretene Bundesrätin ist vor Bundesgericht freigesprochen worden. Es war dies aber, wie einige in der Öffentlichkeit sagten, ein Freispruch zweiter Klasse, ausgesprochen «mangels Beweises». Es war nicht möglich zu beweisen, dass Frau Kopp die departementsinterne Quelle der Auskunft kannte, die sie ihrem Mann gegeben hatte und geben liess.

Ging es aber nun wirklich *darum?* War dies die Frage, die sich ein jeder stellte?

Hat es nicht einen juristischen Kunstakt gegeben, *im Gegensatz zur Klarheit,* die man doch gewinnen wollte? Man hat nur auf die Frage der subjektiven Verletzung des Amtsgeheimnisses geantwortet – und erst noch, ohne eigentlich zu antworten –, während man sich während Wochen und Monaten bemüht hatte, mit Hilfe zahlloser

54

Strategien und Verstrickungen die öffentlich nur versteckt ausgesprochene Anklage zu verstärken und zu schüren, nach welcher Frau Kopp ihre Funktion dazu benützt hätte, den Drogenhandel zu begünstigen. Indirekt natürlich, durch ihren Mann. War aber ein solches Vorgehen geeignet, das Vertrauen wieder herzustellen, was doch der Zweck des ganzen Verfahrens sein sollte?

Mir scheint, dass dieses unverhältnismässige und zweckentfremdete Verfahren oberflächlich geschickt gewesen sein mag, dass es aber im Volk ein tiefes Gefühl der Ungerechtigkeit (in beiden Richtungen!) und ein Unbehagen hinterlässt. Und dieses Unbehagen bezieht sich weniger auf Elisabeth Kopp als auf unseren Rechtsstaat.

Trotz des Einsatzes der erwähnten Riesen-Untersuchungsmaschine scheinen mir viele entscheidende Fragen bis jetzt ungeklärt. Und viele davon verlangen geklärt zu werden, bevor man ein Urteil über das Verhalten von Frau Kopp fällen kann. Hier einige dieser Fragen:

a) Die Bundesrätin wurde angeklagt, ein *Amtsgeheimnis* verletzt zu haben. Dies stand im Zentrum des gegen sie gerichteten Verfahrens. Seltsam mutet aber an: Bis heute hat man nie gesagt, worin dieses Geheimnis eigentlich bestand; auch nicht, ob es sich tatsächlich um ein Geheimnis gehandelt hat; auch nicht, ob es um ein Geheimnis ging, das man nur durch eine amtsinterne Quelle erfahren konnte; auch nicht, ob es sich um ein wichtiges Geheimnis gehandelt hat. Herr Kopp hat immer wieder bestätigt, dass ihm weder seine Frau noch deren Mitarbeiterin im Laufe der fraglichen Telefongespräche etwas mitgeteilt hätten, das er nicht bereits gekannt hätte, und dass das, was dabei neu war, sich als unrichtig erwies. Man muss ihm nicht glauben, aber der gegenteilige Beweis müsste erbracht werden. Schliesslich gibt es doch irgendwo jene Papiere, die all dies ausgelöst haben und von denen so oft die Rede war; es wäre also möglich gewesen nachzuprüfen. Warum weiss man immer noch nichts, oder fast nichts? Im übrigen habe ich im Laufe des Verfahrens gegen Frau Kopp gelesen, dass in einem Fall, der sich, wenn ich nicht irre, in Chur ereignete, das Bundesgericht keine Geheimnisverletzung angenommen hatte, weil das fragliche Geheimnis auch auf anderem Wege als dem Amtsweg hätte in Erfahrung gebracht werden können. War demnach der Irrtum von Frau Kopp über die Quelle der Auskunft (Bankkreise) nicht genügend, um die Anklage abzuweisen?

b) Die Schuld von Herrn Kopp als Vizepräsidenten des Verwaltungsrates der Shakarchi Trading AG ist in einem Teil der Öffentlichkeit von Anfang an als gegeben angesehen worden, ohne Berücksichtigung des wichtigen Grundsatzes der Unschuldsvermutung. Diese Vorverurteilung bildete eben eine Vorbedingung, wenn man bei der Bundesrätin die Absicht voraussetzen wollte, ihren Mann vor schädlichen Folgen zu bewahren. Es war aber zu der Zeit nicht offensichtlich, ob diese Voraussetzung tatsächlich stimmte; und es ist es auch heute immer noch nicht.

Bis zur Stunde, in der ich diesen Beitrag schreibe, wurde Herr Kopp nicht angeklagt, trotz der grossen Anstrengungen der Schnüffelpresse; und gegen die Shakarchi Trading AG ist erst nach langem Zögern überhaupt eine Ermittlung angeordnet worden.

Wenn man, wie es in einem Rechtsstaat zu erwarten wäre, vom Recht auf Unschuldsvermutung ausgeht, dann ist man gezwungen, dem fatalen Telefonanruf einen anderen Sinn zu geben. Und mehr noch: Weigert man sich sogar, die Unschuldsvermutung zugunsten von Hans W. Kopp für seine Tätigkeit in der Shakarchi Trading AG gelten zu lassen, so ist man doch nach meiner Beurteilung mindestens gezwungen, im Sinne der Unschuldsvermutung die folgende offen-

sichtliche Tatsache anzuerkennen: *Seine Frau* – ob zu
Recht oder zu Unrecht – hat *seine Unschuld nie angezweifelt.* Aus dieser Perspektive also, und aus keiner
anderen, muss ihr Telefonanruf verstanden werden.
Von seiner Unschuld überzeugt, hielt sie ihn auch keineswegs für bedroht und hatte daher keinen Grund,
wie das behauptet worden ist, ihm zu Hilfe zu eilen.
Es hätte im übrigen sowohl für sie und ihren Gatten
wie auch für jeden aussenstehenden Betrachter offensichtlich sein müssen, dass – wäre er schuldig gewesen
– ein abrupter Austritt aus dem Verwaltungsrat im An-
schluss an einen Anruf aus dem Bundeshaus Hans W.
Kopp nur schaden konnte. Wie ist es also zu verstehen, dass die Bundesrätin diesen Telefonanruf vor-
nahm und von ihrem Gatten den Rücktritt aus dem
Verwaltungsrat der Shakarchi Trading AG forderte?

Ich sehe die Dinge folgendermassen: Elisabeth Kopp ist
die erste Frau im Bundesrat gewesen. Sie hat von Anfang
an und während der ganzen Amtsdauer das brennende
Gefühl gehabt für die Verantwortung, die auf ihr lastete,
und dies wahrscheinlich in einem Grad, wie ihn kein
Mann zuvor empfunden hat. Jedes ihrer Worte oder jede
ihrer Gesten zeugt davon. Die Gewissenhaftigkeit, die Be-
harrlichkeit, mit der sie nach Aussagen aller Zeugen gearbeitet hat, zeigen, dass der *Sinn für ihre Funktion* und für
das, was sie derselben schuldete, Frau Kopp in keinem
Augenblick verlassen hat. Nun war zu jener Zeit ihr
Mann andauernd von der Presse bedrängt (und durch ihn
hindurch sie selbst), wegen Steuerproblemen (worüber sie
sofort eine prompte und eingehende Untersuchung verlangte) und wegen des Konkurses der Trans-KB. Mit Arbeit überlastet, musste sie auch noch diese «Schlammkam-
pagne» (wie sie selbst sagte) ertragen, und viele Leute waren zu jener Zeit darüber gerührt.
Ich aber glaube, dass dieses Mitleid der Öffentlichkeit die

falsche Zielscheibe wählte: Die Angst Elisabeth Kopps bezog sich nicht auf ihren Mann, über den sie keinen Zweifel hegte, *sie bezog sich vielmehr auf ihre Funktion als Bundesrätin,* die es vor jeder Beschmutzung zu schützen galt. Nicht so sehr sich selbst, sondern ihre Funktion wollte sie bewahren.

Und da meldet ihr eines schönen Morgens ihre engste Mitarbeiterin, dass die Shakarchi Trading AG, deren Verwaltungsrat Herr Kopp angehörte, verdächtigt wird, in einen Drogenskandal mitgerissen zu werden! Und dies, während sie selber in ihrem Departement ein beschleunigtes Verfahren anstrebte, das der Schweiz ein Jahr früher als vorgesehen die gesetzliche Norm in die Hand geben sollte, die dem Land fehlte, um rechtlich gegen die Geldwäscherei vorgehen zu können. Das war nun zuviel. Keinen Augenblick länger konnte sie ertragen, dass dieser neue Zweifel sich unterschwellig ihrer Funktion näherte. Er musste gleich entfernt werden. Ihr Mann würde diese Firma verlassen. Sie ruft ihn an. Sie empfiehlt den Austritt. Und da sie zu einer wichtigen Sitzung erwartet wird, beauftragt sie ihre Mitarbeiterin, ihren Mann eingehender zu informieren.

Meiner Ansicht nach geht es hier nicht um die fürsorgliche Tat einer Gemahlin, sondern um die unmittelbare Reaktion einer Frau, deren Ehre sich restlos mit ihrer Funktion identifizierte. Und dies nicht, wie manche meinen, in der Absicht, diese Funktion um jeden Preis zu erhalten, sondern um sie makellos zu bewahren, solange sie im Amt war.

In der Folge meinte die doppelte parlamentarische Kommission in ihrem Bericht – worüber ich einen kritischen Artikel im «Journal de Genève» und im «Bund» veröffentlicht habe –, dass Elisabeth Kopps Schuld weniger in ihrem Telefonanruf bestand, als in dem langen Schweigen, das darauf folgte. Sie hätte darüber reden sollen.

Es stimmt, dass sie es während mehreren Wochen vermieden hat, zu diesem Anruf in aller Form zu stehen. Ist es aber wirklich erstaunlich, wenn sie, mit Arbeit überhäuft, sich selbst einige Zeit glaubhaft zu machen versuchte, dass eigentlich fast nichts geschehen war, um den täglichen Belästigungen der Medien nicht noch mehr hinzuzufügen? Um ihr gegenüber in diesem Punkt gerecht zu sein (und ich möchte hier auf jeden Fall bemerken, dass es sich in keiner Weise um ein Verbrechen, nicht einmal um ein Vergehen, wahrscheinlich kaum um eine Lüge handelte, sondern, unter ungeheuer schwierigen Umständen, um ein gewisses Nachlassen des Mutes, was sie eine Zeitlang daran hinderte, den Dingen geradeaus ins Auge zu blicken, die allenfalls gegen die Ehre ihres Amtes verwendet werden konnten), müsste man die Tages- und Wochenpresse in dieser Zeitspanne sorgfältig durchgehen, wie auch die verschiedenen Radio- und Fernsehsendungen. Davon kann hier nicht ausführlich gesprochen werden. Einige Bemerkungen müssen genügen.

Zunächst halten wir folgendes fest: Wenn wir in der Schweiz einen Schnüffelstaat haben, dann haben wir um so mehr eine Schnüffelpresse. Während der kritischen Phase dieser Geschichte brachte uns jeder Tag eine Flut neuer Einzelheiten, die aus unzähligen vertraulichen, zum Teil ausländischen Hinweisen stammten und deren Quellen nicht angegeben wurden. Die Bedingungsform war in dieser unpräzisen und verworrenen Prosa an der Tagesordnung; man vermochte deren vielen Windungen, welche die Presse wohl vor gerichtlichen Folgen schützen sollten, kaum zu folgen. Ganz besonders in der welschen Presse, die ich natürlich in vermehrtem Masse gelesen habe, waren die Frau Kopp oder ihren Mann betreffenden Artikel meistens mit Auskünften durchsetzt, die andere Untersuchungen betrafen, insbesondere solche zu Drogenhandel und Geldwäscherei. War diese Vermischung einmal nicht möglich, fand man trotz allem Wege, die Dinge ineinander zu verflechten oder nebeneinander abzudrucken. Bemerkenswert war, dass fast alle diese Artikel in dieselbe Richtung zielten, Leserbriefe – die man zu veröffentlichen bereit war – inbegriffen. Man kann fast, glaube ich, an einer Hand die Artikel abzählen, die eine andere Tonart angeschlagen haben.

Einstimmigkeit gegenüber war ich schon immer misstrauisch. Das Leben hat mich gelehrt, dass die Meinungen der Menschen von Natur aus auseinandergehen und dass es bei Einstimmigkeit auf irgendeine Weise an Freiheit fehlt. Quasi einstimmige Voten lassen meistens auf totalitären Druck schliessen, einstimmige Urteile und Meinungen auf Manipulation. Jedenfalls trug die relative Einstimmigkeit der gedruckten und elektronischen Medien wenig dazu bei, die Klarheit zu fördern und Vertrauen wieder herzustellen.

Zunächst hatte man den Eindruck, dass eine solche Einstimmigkeit, in irgendeinem ähnlich geführten Feldzug, schon allein durch die ihr eigene Gewalt jeden beliebigen Menschen zu Fall bringen könnte. Gegen den Schnüffelstaat kann man sich immer noch an die Presse wenden; gegen die Schnüffelpresse aber, woher soll man da Hilfe erwarten? Sie hat das Recht, ihre Quellen zu verschweigen, und die Möglichkeit, ihre Opfer unermüdlich durch Wiederholungen zu plagen; sie richtet sich an Schwächen und Neidgefühle des Publikums, an dessen Neigung zu tugendhafter Empörung; sie lässt gegen sich selbst keine Kritik zu; und schliesslich ist sie oft fähig, was ihr nicht passt, einfach totzuschweigen. Sind wir nun bereit, die Legitimität dessen anzuerkennen, was man heute «Recherchierpresse» nennt, so wird es wohl notwendig sein, sie in naher Zukunft einer Kontrolle zu unterstellen.

Freilich war man zur Annahme geneigt, dass die quasi Einstimmigkeit der Presse der Einstellung des Volkes entspreche. Dies traf jedoch nicht zu, wie ich selbst die Erfahrung gemacht habe. Am Deutschschweizer Fernsehen, in der Sendung *Supertreffer* vom 16. Dezember 1989, war Frau Kopp anlässlich ihres Geburtstages auf Wunsch einer an der Sendung mitwirkenden Frau spontan eingeladen worden, das Wort zu ergreifen. Zufällig verfolgte ich diese Sendung in Wort und Bild. Frau Kopp hat sich so vollkommen natürlich und einfach gegeben, dass die Zuschauer, die den Saal füllten, ihr am Schluss der Sendung eine regelrechte Ovation darbrachten. Ich habe sehr genau hingeschaut. Ich wollte sehen, ob es jemanden gab, der keinen Beifall zollte; doch nein, es klatschten alle. In den nächsten Tagen erklärten jedoch das Fernsehen und einzelne Printmedien, zahlreiche Protestbriefe dagegen bekommen zu haben, dass Elisabeth Kopp Zugang zur Antenne erhalten hatte. In der Folge wurde sogar gegen den Mitarbeiter, der sie einzuladen gewagt hatte, Beschwerde erhoben.

Es stellen sich noch zahlreiche weitere Fragen im Zusammenhang mit dieser Medienkampagne – z. B.: Man hat nie erfahren, auf welchem Wege die Information durchgesickert ist, die dann «Le Matin» und «24 Heures» erreichte und den Prozess der Abdankung auslöste. Interessiert sich eigentlich niemand dafür?

Seit langem stellt man sich Fragen über die Beziehungen, die auf eidgenössischer Ebene zwischen Wirtschaft und Politik bestehen, und über allfällige Zweifel, die im Zusammenhang mit wirtschaftlichen Aufgaben und Positionen auftauchen, welche eine Mehrheit der Nationalräte übernehmen. Die Antwort, die darin besteht, diese Verbindung gutzuheissen, weil die Volksvertreter keine rein geistigen Wesen ohne jede Beziehung zur ökonomischen Wirklichkeit sein sollen, ist nicht ganz ohne Gewicht. Das Problem einer solchen Verbindung wird sich aber von nun an vermehrt und mit wachsender Dringlichkeit stellen, da immer mehr Frauen mit autonomen Berufskarrieren politische Funktionen übernehmen oder Gattinnen von Männern sein werden, die solche Ämter bekleiden. Ich bleibe weiter überzeugt, dass das, was Elisabeth Kopp durchzustehen hatte, sich in keiner Weise auf einen männlichen Bundesrat übertragen hätte, dessen Frau eine bedeutende Geschäftsanwältin wäre.

Diese zwei letzten Bemerkungen sollen die Tatsache unterstreichen, dass wenigstens auf zwei Gebieten – dem der wachsenden Macht der Medien und dem des Einzugs der Frauen in hohe politische Stellungen – es unerlässlich wird, die Institutionen und das Recht den neuen Gegebenheiten anzupassen.

Aber das Wesentliche, womit ich abschliessen möchte, ist der schale Nachgeschmack, den die Entwicklung des sogenannten «Falles» Kopp hinterlässt, was die Schweiz als Rechtsstaat betrifft. So zum Beispiel: Der Vertreter des Bundesanwalts war mit einer Voruntersuchung über die Bundesrätin beauftragt und sollte seinen Bericht dem Bundesrat vorlegen. Kaum getan, gab er schon vor der Presse ein belastendes Interview, in dem von einem «hinreichenden dringenden Verdacht einer Amtsgeheimnisverletzung», die «vorsätzlich oder eventualvorsätzlich begangen war», und von der Möglichkeit einer «Begünstigung» die Rede war; und trotz rhetorischer Vorsicht zog er schon die Möglichkeit einer Strafe bis zu einigen Jahren Gefängnis in Betracht. Und dies alles geschah, bevor die betroffene Bundesrätin den Bericht zu Gesicht bekam und dazu Stellung nehmen konnte! Ich bin auch nicht die einzige, die ihren Ohren nicht traute, als ich am Abend vor der Urteilsberatung des Bundesgerichtes Prof. J. Rehberg von der Universität Zürich am Deutschschweizer Fernsehen hörte, wie er den Bundesrichtern das zu fällende Urteil diktierte, und als ich wiederum am Abend des Freispruchs vernahm, wie er klar und deutlich, ohne dass jemand widersprechen konnte, das gefällte Urteil als juristisch falsch erklärte.

Es darf ganz allgemein gesagt werden, dass bei den Politikern, Journalisten und Juristen der *Grundsatz der Unschuldsvermutung* während all diesen Monaten unbeachtet blieb, bis zur Ausnahme des letztlich erfolgten Freispruchs.

Es hat tatsächlich eine Tragödie stattgefunden. Elisabeth Kopp hat deren Knoten, wie bei den Griechen, selbst geknüpft, indem sie, gerade um die Ehre ihrer Funktion zu retten, den winzigen Akt begangen hat, der diese Ehre zerstören sollte. Es kam aber zu keiner *catharsis:* Wegen Übertreibungen und Verworrenheiten weiss man auch heute nicht, worüber eigentlich geurteilt wurde. Von der Ethik her ging es um ein behauptetes ungeheuerliches Zusammenspiel mit verbrecherischen Milliarden; der Form nach um die angebliche Verletzung eines Amtsgeheimnisses, dessen Inhalt bis heute nicht bekannt ist und dessen Weitergabe nicht die kleinste Folge gehabt hat.

Nein, *keine catharsis.* Klarheit auch nicht. Die Institutionen haben schlecht und recht funktioniert. Aber nur wenige *Bürger* haben ihre Stimme erhoben. Doch was ist ohne Bürger eine Demokratie?

ELISABETH KOPP

ELISABETH KOPP – WIR ABER KENNEN SIE ANDERS

Ernst Meili

Im Jahre 1972 ist Elisabeth Kopp vom Zürcher Kantonsrat zur Erziehungsrätin gewählt worden – als erste Frau. Neben anderen Mandaten übernahm sie das Präsidium der Aufsichtskommission der Kantonsschule Freudenberg, in der ich seit einigen Jahren als Mitglied mitwirkte. Ich erinnere mich noch gut, mit welchen Erwartungen wir alle ihrem Präsidium entgegensahen, war doch der Freudenberg damals eine reine Knabenschule. Mit weiblichem Charme, humorvoll, zielstrebig und kompetent leitete sie die Sitzungen. Sehr bald stellte es sich heraus, dass sie für die Schulleitung eine verständnisvolle Gesprächspartnerin war, welche in ausgezeichneter Weise die Brückenfunktion zu den staatlichen Stellen wahrnahm. Sie ging auch auf berechtigte Anliegen der Lehrerschaft und der Schüler ein und förderte vor allem Studienwochen, in denen bedeutende Themen der Gesellschaft behandelt wurden, und zwar unter Beizug von Persönlichkeiten, die der Schule nicht angehörten. Daraus ergab sich eine geschätzte Horizonterweiterung über den Schulalltag hinaus.

Für Elisabeth Kopp waren Gleichberechtigung und Gleichwertigkeit von Mann und Frau selbstverständlich – dies schon zu einer Zeit, als der Gleichheitsartikel noch weit entfernt war und vielen in unserem Land als utopisch erschien. Der Leistungsausweis war ihr wichtig. Als Erziehungsrätin erbrachte sie die von ihr erwarteten Leistungen. Dass sie sich engagiert für die Gleichberechtigung auch bei der Verteilung der Aufgaben einsetzte, freute mich sehr. Zu Beginn der ersten Sitzung wies sie darauf hin, sie habe mit dem nötigen Nachdruck darum ersucht, dass ihr auch ein Knabengymnasium, eine ganz gewöhnliche Kantonsschule anvertraut werde – und nicht «nur» das Haushaltlehrerinnenseminar.

Dieses Vorgehen bedarf wohl einer kurzen Interpretation. Es ist ganz klar, dass die hauswirtschaftliche Ausbildung der Mädchen für sie keineswegs von minderem Werte war – im Gegenteil. Vielmehr ging es ihr darum, dass der einzigen Frau im Erziehungsrat dieselben Aufgaben zugewiesen wurden wie ihren Kollegen. Mit Geschick nahm sie die noch nicht selbstverständlichen politischen Rechte der Frau wahr.

In jener Zeit habe ich sie persönlich schätzen gelernt. Sie führte überlegen, konsequent und standhaft. Die Unruhen des Jahres 1968 wirkten noch nach – zum Teil gleichsam atmosphärisch, zum Teil durch handfeste Agitation, die in die Schule hineingetragen wurde. Es kam zu unschönen Manifestationen und sogar zu Protestversammlungen gegen das Rektorat. Von der Wegweisung bedrohte Schüler löckten wider den Stachel, indem sie sich wiederum aufwieglerisch betätigten und, ihres Unrechts voll bewusst, das Rektorat herausforderten. Die Aufsichtskommission handelte konsequent und beantragte der Erziehungsdirektion die Wegweisung von zwei Schülern der 6. Klasse, die also kurz vor der Maturität standen. Für Elisabeth Kopp eine pädagogische Massnahme, durch welche die Schüler die Verantwortung für ihr Handeln lernen konnten.

Als Präsidentin schenkte Elisabeth Kopp den beiden Schülern selbstverständlich das rechtliche Gehör. Sie konnten im eingehenden Gespräch ihre Sicht darlegen. Ich konnte mich damals aus nächster Nähe von der Fairness und dem Gerechtigkeitsempfinden von Frau Kopp überzeugen. Der notwendige Entscheid, der in der Folge zu einer deutlichen Verbesserung des Schulklimas führte, ist ihr nicht leichtgefallen.

Auch sonst hat sich Elisabeth Kopp in zeitraubenden Einzelgesprächen damals mit aufwieglerischen Schülern auseinandergesetzt. Dabei ging es ihr darum, sich selber direkt zu informieren und den betreffenden Schülern Gerechtigkeit widerfahren zu lassen. Ein Schüler hat elf Jahre später darüber so berichtet: «Spätsommer 1973. Wir sitzen, kurz vor der Matura, im Freudenberg, im Sprechzimmer und werden durchleuchtet, nein nicht vom Arzt, sondern von einer Frau, Elisabeth Kopp, Präsidentin der Aufsichtskommission. Nun muss das Publikum draussen bleiben. Ich bin allein. Was will die Frau von mir? Sie will wissen, warum ich Revoluzzer bin. Sie fragt nach meinen Idealen... Ich hatte mir geschworen zu schweigen, aber es will mir nicht recht gelingen, denn ich hatte, heroische Lektüre über die russische Revolution im Kopf, mir eine Art zaristisches Verhör vorgestellt, und nie würde ich, Hand auf die Brust, meine Genossen verraten. Allein, von solchen Dingen will die freundliche und, wie mir allmählich dämmert, kluge Frau gar nichts wissen. Eigentlich will sie nur wissen, wie ich denke, und das ist mir neu. Nach zwei Stunden entlässt sie mich, ich bin etwas verwirrt, und dann finden irgendwo, auf höherer Ebene, in der Erziehungsdirektion, Gespräche statt, von denen ich nichts weiss...»

Jene sieben Jahre der Zusammenarbeit mit Elisabeth Kopp bleiben mir in bester Erinnerung. Die ganze Aufsichtskommission, die unter ihrem Präsidium in schwieriger Zeit mit dem Blick für das Wesentliche an der Arbeit war, bedauerte ihren Rücktritt, der durch die Wahl in den Nationalrat unvermeidlich wurde. Knapp möchte ich erwähnen, was ihr als Erziehungsrätin bedeutsam war. Eine Erfahrung aus ihrer Gymnasialzeit in Bern hat sie dazu geführt, sich für die Koedukation einzusetzen. Ihr Rektor hat einst recht unwirsch zu ihr gesagt: «Was hast du an einer Mittelschule verloren? Du nimmst nur einem begabten Buben den Platz weg!» In einem Interview nach der Wahl in den Erziehungsrat sagte sie: «Sehr am Herzen

liegt mir die moderne Mädchenbildung, dass es bildungs-
mässig keine Benachteiligung der Mädchen mehr gibt.»
Weitere wichtige Anliegen: Die Einführung des Faches
Sozialkunde, die Ganztagsschule und die Vorschulerzie-
hung.

An dieser Stelle soll in einigen Worten darauf hingewiesen werden, wie sich Elisabeth Kopp vor 1972 für die Gesellschaft oder, etwas weniger abstrakt ausgedrückt, für
ihre Mitmenschen eingesetzt hat. Dass sie Pfadfinderin-
nen leitete, mag man als eine jugendliche Liebhaberei be-
zeichnen. Immerhin, wer die Pfadfinderbewegung kennt,
weiss, welch wertvolle Impulse von jungen Menschen an
anvertraute Jugendliche weitergegeben werden, im Sinne
einer konstruktiven Schulung der Gemeinschaft. Als Stu-
dentin trat Elisabeth Kopp unter Aufbietung all ihrer
Kräfte für die geflüchteten ungarischen Studenten ein. Sie
leistete einen wichtigen Beitrag an ihre Integration in unser Land und Volk. Im Frauenhilfsdienst übernahm sie die
Kräfte beanspruchende Aufgabe einer Sanitätsfahrerin.

Bekannt ist, dass sie sich im kommunalen Bereich als Ge-
meinderätin und später als Präsidentin des Gemeinderates
zur Verfügung stellte. Sie war in Zumikon an der Gestal-
tung des neuen Dorfbildes wesentlich beteiligt: In ihrer
Zeit entstanden das Dorfzentrum, das die Gemeinschaft
fördert, ein Hallen- und Freiluftbad, die Erweiterung der
Kläranlage, die schon damals mit einer Wärmepumpe
kombiniert wurde. Unvergessen sind ihr Einsatz im Ge-
sundheits- und Fürsorgeamt sowie ihr Engagement für die
Anliegen des Umweltschutzes. Auf der eidgenössischen
Ebene sollte man sie deswegen später als «Grüne» be-
zeichnen.

Ich weiss, dass es viele gibt, nicht zuletzt politische Gegner von Elisabeth Kopp, welche die Übernahme politischer Ämter als Selbstdienst an ihrem Ehrgeiz und/oder
als Möglichkeit, ihr Machtstreben zu befriedigen, einstu-
fen. Abgesehen davon, dass ein gewisses Mass an Ehrgeiz

und Ausübung von Einfluss nichts Schlechtes ist, scheint mir nicht dies die Triebfeder ihres Handelns zu sein. Ich habe sie anders kennengelernt: als ein Mensch mit einer hohen Verantwortung, der bereit ist, gemäss seinen Kräften – und darüber hinaus – die Herausforderungen anzunehmen – im Dienst an der Öffentlichkeit, für Gemeinde, Kanton und Land, für die Mitmenschen.

Schon Plato und später Jesus haben gewusst, dass die menschliche Gemeinschaft solchen Dienstes bedarf. Diese Diensterfüllung habe ich bei Elisabeth Kopp wahrgenommen.

Als Theologe und als Mensch weiss ich um unsere Unvollkommenheit, mit Zwingli gesprochen, um unsere «Bresthaftigkeit». Es steht mir nicht zu, die Ereignisse zu analysieren und zu bewerten, die zum Rücktritt von Frau Kopp aus dem Bundesrat geführt haben. Was mich aber zutiefst bewegt hat und noch bewegt, ist der Umschlag von höchster Anerkennung zu grenzenloser Enttäuschung. Mir scheint, als ob alle wertvollen Leistungen einer langen Zeit des Einsatzes mit einem Schlag genichtet sind. Das ist nicht gerecht.

Warum verhalten wir uns so? Müssen wir es immer wieder schmerzlich erfahren, dass christliche Liebe, die höher ist als alle menschliche Gerechtigkeit, so sehr wir gerade sie nötig haben, gegenüber dem anderen, dem Nächsten versagt, indem sie ihm das Handeln aus Liebe abspricht?

Ich bin überzeugt, dass spätere Generationen die Gewichte im «Kopp-Konflikt» anders verteilen werden. Schillers berühmtes Wort über Wallenstein: «Von der Parteien Gunst und Hass verwirrt, schwankt sein Charakterbild in der Geschichte» mag, wie für viele Grössen der Geschichte, auch für Elisabeth Kopp gelten. Eines ist für mich gewiss: Die Last des Leidens, die sie zu tragen hat, übersteigt menschliches Mass. Was sie von uns unter keinen Umständen wünscht, ist wohlfeiles Mitleid, und ich verstehe dies. Sie hat um Gerechtigkeit ersucht, nicht um Erbarmen.

Und doch: Für mich stellt sich die Frage, wie in unserem Land mit seiner 700jährigen Geschichte Volksverurteilungen, die alle Proportionen ausser acht lassen, möglich sind, sich auf einmal schlagartig ereignen. Damit ist die Frage nach der Mitschuld von Frau Kopp nicht beantwortet. Freilich aber die Frage nach unserer Unbarmherzigkeit.

Ich hoffe darauf, dass Elisabeth Kopp in irgendeiner Weise ihre reichen Gaben unserem Land, unserem Volk wieder zur Verfügung stellen kann. Ich weiss, dass sie nach wie vor unsere Eidgenossenschaft von Herzen liebt.

DIE MACHT DER MEDIEN UND IHRE FOLGEN

DIE MONOPOLMEDIEN –
EIN PROBLEM FÜR DIE DEMOKRATIE

Rudolf Friedrich

Eine der wesentlichen Voraussetzungen einer funktionierenden Demokratie liegt darin, dass der Prozess der Willensbildung, namentlich im Vorfeld von Wahlen und Abstimmungen, nicht einseitig gesteuert und damit verfälscht wird, dass sich *nicht Beeinflussungsmöglichkeiten entwikkeln, denen keine entsprechenden Gegengewichte gegenüberstehen,* weil sonst der unerlässliche Meinungspluralismus ganz oder teilweise verlorengeht. Nötig ist vielmehr eine gewisse *Ausgewogenheit* der öffentlich geltend gemachten Auffassungen und Einflüsse, die einseitige Dominanz verunmöglicht. Das gilt in einer so weit ausgebauten direkten Demokratie wie der unsrigen, wo andauernd Sach- und Personalentscheide zu fällen sind, in ganz besonderem Mass.

Man reagiert denn auch hierzulande ausgesprochen empfindlich, *wenn eine bestimmte Machtposition als übergewichtig empfunden wird.* Solche Konzentration von Macht pflegt man in der Wirtschaft zu orten, insbesondere bei den Banken sowie im Verbandswesen, und immer wieder gibt dieses Thema zu öffentlichen Auseinandersetzungen Anlass. *Dass sich jedoch die staatlichen Monopolmedien, Radio und Fernsehen, längst zu einer zentralen Machtposition entwickelt haben, ist erstaunlicherweise noch recht wenig ins allgemeine Bewusstsein gedrungen.* Dabei hat sich gerade hier in den letzten Jahren ein Einflusspotential aufgebaut, verglichen mit dem alle andern so oft in den Vordergrund gestellten von untergeordneter Bedeutung geworden sind und das in wachsendem Mass *zu einer Gefahr für die freie politische Willensbildung* wird.

Warum sind die Monopolmedien so mächtig?

Geht man den *Gründen* für diese immer deutlicher hervortretende Machtanhäufung nach, so zeigt sich, dass eine ganze Reihe von Ursachen zusammenwirken, die sich überlagern und teilweise wechselseitig verstärken. Will man sie richtig gewichten, muss man von der grundlegenden Tatsache ausgehen, dass Information und Beeinflussung *politische Steuerungsinstrumente erster Ordnung* bilden. Das ist ja auch der Grund, warum jedes totalitäre und auch autoritäre Regime auf dieser Welt sich sogleich der elektronischen Medien bemächtigt, um sie als Pfeiler seiner Machtausübung einzusetzen.

Im folgenden wird auf die wesentlichen Elemente hingewiesen, welche diese Machtposition ausmachen, wobei ausschliesslich *der Informationsbereich* von Radio und Fernsehen anvisiert ist:

– Radio und Fernsehen sind *Massenkommunikationsmittel, die ein zahlenmässig unbegrenztes Publikum landesweit erreichen.* Das gilt in ganz besonderem Masse für einige politische Sendungen, die für den normalen Informationskonsumenten fast unentbehrlich sind, wie etwa Nachrichten und Kommentare zum aktuellen Geschehen im In- und Ausland. Ein deutlicher Unterschied zur Presse liegt auf der Hand: Deren Adressatenkreis ist in jedem Fall um ein Vielfaches kleiner.

– Der landesweite Wirkungskreis wird durch *die Monopolstellung,* welche die Schweizerische Radio- und Fernsehgesellschaft (SRG) als Betreiber von Radio und Fernsehen innehat, gewaltig verstärkt. Einerseits gibt es *keine, auch nur entfernt ebenbürtige Alternative,* auf die der Konsument ausweichen könnte; andererseits liegt ein Apparat vor, der *instrumentalisiert* und leicht auf eine bestimmte Linie ausgerichtet werden kann. Dieser Apparat ist in der Lage, auf vielerlei verschiedenen Wegen und in unterschiedlichen Sendungen ein einheitliches Bild bestimmter

Ereignisse oder ein Urteil über Personen aufzubauen, einen *Einheitsbrei*, dem mit vergleichbarer Breitenwirkung niemand widersprechen kann. Die Monopolmedien sind so zumindest tendenziell geeignet, unkritische Konsumenten allmählich zu Fliessbandwesen mit genormter Meinung umzuformen. Da liegt ein weiterer offenkundiger Unterschied zur Presse vor, die sich – wenn auch nicht überall lokal, so doch im regionalen Rahmen – in einer Vielfalt der Leitung und der politischen Ausrichtung präsentiert.

– Diese an sich schon ungemein starke Stellung wird *durch eine Reihe von Eigenheiten der elektronischen Medien* weiter akzentuiert.

Radio und Fernsehen sind *rascher und damit aktueller* als Zeitungen und besitzen dadurch in unserem hektischen Klima einen gewichtigen Vorsprung. Sie sind als *Erstinformanten* da, sobald etwas geschieht. Sie legen sofort eine Position fest und formulieren Meinungen. Wer nachher kommt, hinkt zwangsläufig hintennach, ist bereits beeinflusst und muss sich mit einem schon beackerten Feld auseinandersetzen. Er ist von vornherein *in der Defensive.* Das zeigt sich besonders deutlich, wenn wichtige Ereignisse auf das Wochenende fallen, wo die elektronischen Medien fast allein präsent sind.

Die Monopolmedien können ausserdem – wiederum im Gegensatz zur Presse – ein Thema *mehrmals täglich* in verschiedenen Sendungen immer wieder aufgreifen. So sind sie imstande, irgend etwas zum beherrschenden Gegenstand hochzuspielen, die Proportionen zu verzerren und willkürlich eine Wertskala zu setzen. Das Fernsehen kann zudem *mit entsprechenden Bildern* arbeiten. Bilder wirken an sich schon besonders eindrücklich und emotional virulent; zudem huldigen viele Leute dem eigenartigen Aberglauben, ein Bild sei sozusagen naturgemäss wahr. Bilder nützen überdies den Umstand aus, dass der Mensch viel leichter emotional als verstandesmässig zu beeinflussen ist.

Die langfristige Wirkung der Monopolmedien dürfte auch deshalb wesentlich grösser sein, als häufig angenommen wird, weil diese Medien, insbesondere das Fernsehen, die tieferen Schichten des Menschen ansprechen, *das Unterbewusstsein* also, das die Emotionen, die geheimen Antriebskräfte steuert, auf die der Verstand nur beschränkten Einfluss hat.

– Radio und Fernsehen sind nicht einfach Instrumente der Vermittlung von Informationen, sondern sind immer mehr zu solchen *der Verbreitung von Meinungen, ja von eigentlicher Propaganda und langfristiger Indoktrinierung geworden.* Sie wollen den Konsumenten nicht bloss informieren – manchmal wollen sie sogar das Gegenteil –, sondern seine Auffassungen in bestimmte Richtungen lenken. Oft machen sie sich zum Anwalt einer Meinung oder gar einer Ideologie und entwickeln ein entsprechendes Sendungsbewusstsein.

Die Beeinflussung erfolgt in verschiedener Weise: durch zweckdienliche Auswahl von Meldungen und Bildern, durch Unterdrückung von Tatsachen, durch sprachlich positive oder negative Färbung einer Mitteilung, durch Hochspielen oder umgekehrt durch diskretes Behandeln eines Ereignisses bis hin zum Totschweigen. Man kann auch durch Kommentare, Wiederholung, Wortwahl und Ansetzung der Sendezeit gewichten, und selbst der Gesichtsausdruck des Sprechers am Bildschirm vermag eine Meldung in der einen oder andern Richtung zu qualifizieren.

– Die Monopolmedien wirken nicht nur momentan, sondern *schaffen Stimmungen.* Sie beeinflussen damit *langfristig* politische Entscheide und bereiten diese in ihrem Sinne vor, in manchen Fällen systematisch über Monate hinweg. Sie übermitteln beispielsweise immer wieder Horrorvisionen über Kernkraftwerke. Sie spielen jeden belanglosen Zwischenfall unmässig hoch und verbreiten ungeprüfte und sogar handgreiflich falsche Meldungen über Radioaktivität in der Nähe eines KKW. Sie schüren Misstrauen, Unmut, Angst, Empörung und andere emotionale Reaktionen bis hin zur handfesten Hysterie, die dann im Vorfeld einer entsprechenden Abstimmung aktualisiert und so für den Entscheid bestimmend werden. Das Schaffen von Stimmungen geschieht auch *im «permanenten Prägeprozess der Grundeinstellung zum Staat»* (Prof. K. Eichenberger), und wenn am vergangenen 1. August in unzähligen Reden die wachsende Staatsverdrossenheit angesprochen worden ist, so bleibt beizufügen, dass die Monopolmedien mit ihrer überwiegend negativen und oft destruktiven Haltung zu unserem Staat und seinen Institutionen eine massgebende Ursache dafür bilden.

Das ohnehin gewaltige Beeinflussungspotential wird *durch personelle Querverbindungen zu auflagestarken Printmedien* weiter ausgebaut. Prominente Fernsehleute sitzen gleichzeitig an führender Stelle in einem Grossverlag. Gesinnungsverwandte Redaktoren nahestehender Zeitungen werden zu Sendungen beigezogen. Man lässt sich die eigene Haltung von scheinbar Aussenstehenden bestätigen und zitiert sich gegenseitig. So entsteht *ein Medienverbund mit der Tendenz zur Marktbeherrschung,* ein eigentlicher *Medienfilz* sogar, der dann beispielsweise jenes bekannte Pingpongspiel ermöglicht, das uns in unregelmässigen Abständen serviert wird: Journalist A reisst in einer Zeitung eine x-beliebige, bei Bedarf auch konstruierte Geschichte auf. Sein Freund B übernimmt sie gemäss vorheriger Absprache im Fernsehen und bauscht sie weiter auf. Kollege C doppelt in einer Wochenzeitung nach. Genosse D behandelt dasselbe Thema in einer Radiosendung und so fort im Kreis herum, bis eine flächendeckende Wirkung vorhanden und *eine scheinbare öffentliche Meinung fabriziert ist.*

Das Ganze wird häufig noch durch inszenierte, unkontrollierbare und bis zur handgreiflichen Lüge manipulierbare Umfragen untermalt, die dem naiven Publikum vorspiegeln sollen, dass ein Entscheid – selbstverständlich im Sinne der Monopolmedien – bei einer Mehrheit längst gefallen sei. Es kommt zu einer eigentlichen Meinungsdiktatur.

– Die Monopolmedien *übernehmen mehr und mehr Funktionen der politischen Parteien,* etwa im Informations- und Meinungsbildungsprozess vor Abstimmungen, und sind dank ihrer Machtposition in der Lage, diesen Prozess einseitig nach ihren Vorstellungen zu prägen. Dasselbe kann bei Wahlen geschehen. Im Unterschied zum Parteienpluralismus, der eine unabdingbare Voraussetzung jeder Demokratie ist, gibt es bei den Monopolmedien in der Schweiz aber *nur einen Anbieter.* Das ist international *ein singulärer Fall.* Damit werten diese Medien die anderen politischen Autoritäten langsam, aber stetig ab, usurpieren deren Stelle und ersetzen die für die Demokratie vitale politische Vielfalt tendenziell durch ein Einheitsmenü.

– Die Machtposition der Monopolmedien *wird durch gewisse demokratische Mechanismen* weiter verstärkt.

Wer ein politisches Amt anstrebt, muss in der Regel gewählt werden. Gewählt wird aber nicht – wie jeweilen bieder-naiv gefordert wird – der oder die Beste, sondern wer die höchste Stimmenzahl erreicht. Demokratie ist primär ein quantitatives Verfahren; sie wägt nicht, sondern zählt. Eine hohe Stimmenzahl erreicht nur, wer über einen entsprechenden *Bekanntheitsgrad* verfügt. Von Vorteil ist ausserdem, politisch auf einer momentan gerade populären Linie zu liegen.

Daraus ergeben sich folgerichtig zwei fatale Vorgänge. *Bekanntheit* erreicht man über einen relativ engen Kreis hinaus – jedenfalls auf nationaler Ebene und in grösseren Kantonen – nur durch die Medien, vorzugsweise die Monopolmedien. Über den Zugang dazu entscheiden aber diejenigen, welche dieses Instrument in den Händen halten. Politiker sehen sich daher häufig veranlasst, *sich um deren Gunst zu bemühen.* Wer sich mit ihnen gut stellt, wer ihnen ins Konzept passt oder sich anbiedert, kommt zum Zug. Wer sie kritisiert oder gar ihre Machtposition in Frage stellt, läuft Gefahr, verketzert, in den Hintergrund gedrängt oder überhaupt boykottiert zu werden. Es entsteht das Problem der Abhängigkeit; man *braucht* Publizität und macht die erforderlichen Konzessionen. .

Weil die Monopolmedien im weiteren wesentlich bestimmen, *was ein politisches Thema ist,* und das Reiten auf den Wellen der Politkonjunktur die Wahlchancen erhöht, ergibt sich ein entsprechender *Anpassungsprozess:* Man vertritt, was momentan medienkonform ist. Manche Politiker – glücklicherweise bei weitem nicht alle – unterliegen so der Versuchung, sich den von den Monopolmedien vorgegebenen Themen und ihrer Beurteilung anzupassen. Es entsteht ein *Medienkonformismus.* Man duckt sich und scheut davor zurück, eine andere Position zu vertreten. Denn sich mit den Monopolmedien auf eine Auseinandersetzung einzulassen, ist gefährlich und jedenfalls selten karrierefördernd. Solchen Gefahren weicht man aus.

Wenn es gar zu einer eigentlichen Kampagne kommt, wie etwa bei der absurd aufgebauschten Fichenangelegenheit, kann eine Art von *Schützengraben-Mentalität* entstehen: Man zieht den Kopf ein, wenn die Monopolmedien Sperrfeuer schiessen. So sind diese in der Lage, politischen Druck, fast bis zur Erpressung hin, auszuüben, dem zu widerstehen keineswegs einfach und jedenfalls nicht risikolos ist. Diese Schützengraben-Reaktion findet sich überdies nicht nur bei Politikern, sondern auch unter Wirtschaftsvertretern. Wird eine ganze Branche angegriffen, kommt es selten zu wirksamem Widerstand, selbst wenn die erhobenen Vorwürfe falsch sind. Man beugt sich – nicht etwa vor der Wahrheit, sondern vor der *publizistischen Übermacht.*

– Die Einflussnahme über Personen hat noch einen weiteren Aspekt. Die Monopolmedien sind in der Lage, *Personen aufzubauen und Personen abzuschiessen.* Dafür gibt es eine ganze Reihe von Methoden. Man bringt beispielsweise die eigenen Lieblingskinder ständig bei Sendungen aus dem Bundeshaus. Man zieht sie systematisch zu Kommentaren bei und schlägt bei jeder Gelegenheit ihre Meinung breit. So kann man gezielt bestimmte Leute «machen». Man kann umgekehrt andere, missliebige, die nicht ins eigene Denkschema passen, diskriminieren oder gar völlig boykottieren und so medienmässig *zur Unperson stempeln.* Das droht vor allem Politikern und andern Persönlichkeiten des öffentlichen Lebens, die sich dem Druck der Monopolmedien nicht fügen und mit ihrer Kritik nicht hinter dem Berg halten.

Eine etwas subtilere Methode besteht darin, dass man beispielsweise einen ungeliebten Parlamentarier dann gross ins Bild bringt, wenn er beim Votieren ein möglichst unvorteilhaftes Gesicht macht – was beim Reden nun einmal vorkommt –, oder man legt dem Publikum aus dem Zusammenhang gerissene und damit widersprüchliche oder unverständliche Fetzen seines Votums vor. *Man macht ihn unsympathisch oder lächerlich.*

So lässt sich Druck ausüben, und weil Politik immer stärker personalisiert wird und Personen stellvertretend für politische Positionen stehen, kann man mit dem Aufbau oder Abschuss von Personen auch *die entsprechende politische Haltung* treffen.

– Ein letzter Aspekt kann als *Primitivisierung der Politik* bezeichnet werden. Das Gesetz der Monopolmedien heisst meistens Kürze. Publikumswirksame politische Sendungen beinhalten daher häufig ausgesprochen kurze Stellungnahmen. Ein Statement soll wenige Minuten nicht überschreiten. Das schliesst Differenzierungen aus und führt zwangsläufig zu schlagwortartigen Verzerrungen. Mit Schlagworten aber lässt sich die öffentliche Meinung viel leichter manipulieren als mit abgewogener Darstellung eines Sachverhaltes.

Unkontrollierte Macht wird missbraucht

Natürlich ist das nur eine summarische Analyse eines sehr komplexen Sachverhalts. Sie dürfte immerhin erkennen lassen, dass in den Monopolmedien *eine Machtposition von gewaltiger Ausstrahlung* entstanden ist, eine Machtposition, welche unter Umständen sogar die verfassungsmässigen Entscheidungsträger aus ihrer Funktion verdrängen kann. Solches hat sich beispielsweise in den Tagen vor dem Rücktritt von Bundesrätin Kopp ereignet. Der aussenstehende Beobachter konnte sich in jener aufgepeitschten Hektik des Eindrucks kaum erwehren, dass die zur politischen Führung berufenen Instanzen – vor allem die freisinnig-demokratische Fraktion der Bundesversammlung und das Parlament selber – ihren Handlungsspielraum weitgehend eingebüsst hatten und unter dem pausenlosen Trommelfeuer der Monopolmedien *nur noch reagieren, aber nicht mehr frei entscheiden konnten.* Fast automatisch denkt man dabei an Artikel 91 der Bundesverfassung, wonach die Mitglieder beider Räte ohne Instruktion stimmen, eine Vorschrift, welche seinerzeit die Unabhängigkeit der Parlamentarier gewährleisten sollte, die aber angesichts ganz anderer Einflüsse heute etwas verloren im Raume steht.

Es geht bei den Monopolmedien – und das ist der politisch zentrale Punkt – um eine Machtposition,
– *die weder demokratisch noch intellektuell, noch moralisch oder sonstwie durch besondere Qualitäten legitimiert ist,*
um eine Machtposition ausserdem,
– *die nicht kontrolliert wird, keine ebenbürtigen Gegengewichte hat und niemandem verantwortlich ist.*

Das ist eine demokratisch und rechtsstaatlich *ebenso singuläre wie gefährliche Situation.* In allen andern politisch relevanten Lebensbereichen hat das Volk oder haben die von ihm gewählten Vertreter ein Aufsichts- oder Mitspracherecht – bloss bei den mächtigen und einflussreichen Monopolmedien nicht. Ausdrücke wie «Vierte Gewalt», «Mediendiktatur» oder «Mediokratie» weisen daher durchaus in die richtige Richtung.

Nun ist aber durch jahrhundertealte Erfahrung erhärtet: *Macht, die nicht kontrolliert wird und keine ebenbürtigen Gegengewichte hat, wird missbraucht.* Solcher Missbrauch ist denn auch gerade in jüngster Zeit immer deutlicher geworden und wird offensichtlich auch von immer weiteren Kreisen empfunden.

In einer am 23. März 1990 eingereichten und *von 60 Mitunterzeichnern getragenen Interpellation* gab beispielsweise Nationalrat Maximilian Reimann seinem Unmut über eine zunehmend einseitige Parteinahme von Radio und Fernsehen Ausdruck und verlangte, dass die Konzessionsvorschriften, namentlich das Gebot der Ausgewogenheit, endlich eingehalten werden. In seiner Stellungnahme gab selbst *der Bundesrat* seine bisher geradezu extreme Zurückhaltung in Sachen Monopolmedien auf. Er zeigte nicht nur Verständnis für die geäusserte scharfe Kritik, sondern fügte sogar bei, auch ihm seien Sendungen von Radio und Fernsehen aufgefallen, die zu Kritik Anlass geben müssten.

Auch im Ständerat kam es anlässlich der Behandlung des Radio- und Fernsehgesetzes in der Herbstsession 1990 zu massiven Vorwürfen an die Adresse der SRG. Ständerat Bruno Hunziker und andere Votanten stellten eine Zunahme einseitiger und tendenziöser Sendungen sowie ein wachsendes Unbehagen gegenüber den Monopolmedien in immer weiteren Kreisen fest. Dass die Zahl der *Beschwerden* gegen einzelne Sendungen – trotz ihrer fast notorischen Aussichtslosigkeit – zunimmt, ist ein Indiz in derselben Richtung.

Begründete Kritik

Die ständig massiver werdende Kritik ist keineswegs un-
begründet, was sich mit zahlreichen Beispielen belegen
lässt, die seit längerer Zeit nicht nur von einschlägigen Institutionen analysiert und publiziert werden, sondern
auch in vielen Zeitungen zur Sprache kommen und die
überdies jeder informierte Beobachter selber registrieren
kann. Im Sinne einer Illustration sei lediglich auf wenige
Tatbestände verwiesen:

Im Zusammenhang mit der *Abstimmung über die Abschaffung der Armee* vom November 1989 wurde vorgängig
über viele Monate hinweg, direkt oder unterschwellig, in
allen nur denkbaren Sendegefässen von Jugend- über
Hausfrauensendungen bis zum «Wort zum Sonntag», systematisch *Propaganda für die Initiative* betrieben. Einseitig und unsachlich waren dabei weniger die eigentlichen
Abstimmungssendungen, bei denen man natürlich gar
nicht anders konnte, als auch Armeebefürworter zum
Zuge kommen zu lassen – obschon auch da versucht
wurde, diese mit allerlei Regietricks ins Abseits zu manö-
vrieren –, sondern jene unzähligen Sendungen, bei denen
das Thema Armee unter irgendeinem, vielleicht gänzlich
nebensächlichen Gesichtspunkt zur Sprache kam. Wenn
daher seitens der Trägerschaft DRS im nachhinein behauptet wurde, die Abstimmungssendungen seien ausge-
wogen gewesen, so ging das völlig am Problem vorbei.

Im Vorfeld der Energieabstimmung vom 23. September 1990
ist wieder Ähnliches geschehen. Systematisch wurde Stimmung gegen die Kernenergie gemacht, etwa durch emotional ausserordentlich einprägsame, aber rein fiktive bild-
liche Darstellungen von Horrorvisionen, und zwar so
handgreiflich tendenziös, dass auch der Naivste über die
Haltung der Monopolmedien nicht im unklaren bleiben
konnte.

Man kann auch *durch Verschweigen* manipulieren. So haben sich die Monopolmedien für den ominösen Huldigungsbrief der Sozialdemokratischen Partei der Schweiz an die rumänischen Kommunisten vom November 1989 – kurz vor deren Sturz – nicht interessiert. Er wurde unter dem Mantel des Schweigens zum Unereignis gemacht. Man stelle sich indessen einmal vor, welch ungeheuren Rummel diese selben Monopolmedien inszeniert hätten, wäre eine andere Partei auf eine ähnlich gloriose Idee verfallen!

Die Liste lässt sich unschwer verlängern, etwa mit den Stichworten der systematischen Verketzerung unseres Landes als Schnüffelstaat, der tendenziösen Berichterstattung über den Waffenplatz Gossau-Herisau oder der diskreditierenden Kampagne gegen den UNO-Flüchtlingshochkommissar, den Schweizer Jean-Pierre Hocké, wegen angeblich missbräuchlicher Verwendung von Geldern aus einem dänischen Fonds. In der Zwischenzeit ist Hocké durch einen Untersuchungsbericht der dänischen Reichsrevision in Kopenhagen vollständig rehabilitiert worden. Aber das interessiert die Monopolmedien nicht. *Der Rufmord bleibt* – und bleibt ungesühnt. (Vgl. weitere Beispiele im Aufsatz von Hans Georg Lüchinger.)

Vollends alarmierend ist, dass sich neuerdings das *Bundesgericht* veranlasst sah, sich mit dem Problem der *Beeinflussung der Justiz* und der öffentlichen Vorverurteilung von Angeklagten durch Medien auseinanderzusetzen. Gewisse Vorkommnisse aus jüngster Zeit, insbesondere auch im Zusammenhang mit dem Prozess gegen Elisabeth Kopp, lassen Befürchtungen in dieser Richtung in der Tat als begründet erscheinen. Völlig unannehmbar war namentlich eine Sendung unmittelbar vor der Urteilsberatung, bei der unter Beizug eines Strafrechtsprofessors versucht wurde, dem Bundesgericht gleichsam vorzuschreiben, wie es gegen Frau Kopp zu entscheiden habe. Wenn aber die Unabhängigkeit der Justiz in Gefahr gerät, wenn diese mit der Breitenwirkung der Monopolmedien unter

Druck gesetzt wird, dann stehen nicht nur demokratische, sondern auch grundlegende *rechtsstaatliche* Prinzipien auf dem Spiel. (Vgl. dazu den Aufsatz von Roberto Bernhard.)

Arroganz der Macht

Der Missbrauch der Monopolstellung findet nicht nur in der Programmgestaltung Ausdruck, sondern auch *in der Art, wie manche Leute der Monopolmedien aufzutreten pflegen.* Wenn man beispielsweise beobachtet, in welch überheblicher Weise mittelmässige und mit oft höchst bescheidenem Fachwissen versehene Redaktoren von Radio und Fernsehen mit Spitzenleuten der Wirtschaft, mit kantonalen Regierungsmitgliedern, ausgewiesenen Parlamentariern oder gar Bundesräten umzuspringen pflegen, wenn diese ihnen nicht in den Kram passen, wie sie sich als selbsternannte Zensoren, als Wächter und Richter der Nation oder gar als Grossinquisitor aufspielen, dann wird evident, wie *die Arroganz der Macht* hier ausartet.

Das ausgeprägte Machtbewusstsein äussert sich noch in anderer Weise. *Kritik* wird, wenn immer möglich, einfach unter den Tisch gewischt. Wenn sie für dieses Rezept zu breit wird, reagiert man darauf teils mimosenhaft empfindlich, teils überheblich und von oben herab.

Häufig werden Kritiker *lächerlich gemacht,* und es wird dann eine irgendwie halbwegs passende Sendung dazu benützt, sie öffentlich zurechtzuweisen – wobei man sich darauf abstützt, publizistisch am längeren Hebel zu sitzen. Gelegentlich stellt man sie auch als sture Hinterwäldler hin, etwa wenn Andreas Blum zu den gegen Bundesrat Villiger gerichteten Sendungen vom März 1989 erklärte, man habe vielleicht den Fehler gemacht, die Dialogfähigkeit der Hörer zu überschätzen, und dem muffigen, engen und stickigen Klima unseres Landes zu wenig Rechnung getragen.

Wer überwacht die Wächter?

Dieser Zustand darf nicht einfach hingenommen werden, weil sonst unser Land durch die undemokratische, unkontrollierte, niemandem verantwortliche und in zunehmendem Masse missbrauchte Macht der Monopolmedien Schaden leidet. Die uralte, schon dem römischen Staatsrecht bekannte *Frage «Wer überwacht die Wächter?» stellt sich mit gebieterischer Schärfe.* Dabei ist zu unterstreichen, dass sich diese Frage *auch ohne die vielen Missbräuche der letzten Zeit* stellen würde, weil Position und Strukturen der SRG so oder so undemokratisch sind. Der fortgesetzte Missbrauch unterstreicht nur *die besondere Dringlichkeit* der Abhilfe, wobei wiederholt sei, dass hier *nur der Informationsbereich* der SRG im Visier ist.

Überlegt man sich, was zu tun sei, so gilt es zunächst, einige gelegentlich erwogene Rezepte auszuscheiden, die keine Lösung bringen können.

Keine Lösung ist die Unabhängige Beschwerdeinstanz in ihrer heutigen Form. Sie ist weder von ihrer Struktur noch von ihrem Aufgabenbereich her geeignet, eine wirksame Kontrollfunktion auszuüben und den von der Theorie geforderten Meinungspluralismus durchzusetzen. Die Studie von Felix Huber und Thomas Meier aus der Ära Reck (herausgegeben vom «Forum Medien kritisch», 3000 Bern 6) über die Praxis der UBI zeigt auf, dass diese höchstens in extrem gelagerten Fällen eingriff, aller Regel nach aber stets Wege zur Abweisung einer Beschwerde fand. *Präventiv* hat sie kaum eine Wirkung. Eher hat man den Eindruck, dass sie zu einer weiteren Schutzstruktur der Monopolmedien gegen öffentliche Kritik geworden ist.

Und wenn die UBI ausnahmsweise doch einmal etwas beanstandet, so geschieht es naturgemäss *Monate später,* wenn die betreffende Sendung längst ihre Wirkung getan hat und niemanden mehr interessiert. Rechtsverzögerung wird auch hier faktisch zur *Rechtsverweigerung.*

Zumindest auf absehbare Zeit bietet auch das jahrelang erwogene *Rezept, eine Konkurrenzsituation zu schaffen,* keine Lösung. Dabei kann man Lokalradios und Lokalfernsehen, so erwünscht sie auch sind, nicht als ernsthafte Konkurrenten der Monopolmedien betrachten. Sie sind diesen wegen ihres kleinen Wirkungsbereiches, wegen ihrer bescheidenen Mittel und wegen ihrer programmatischen Schranken niemals ebenbürtig. Der Aufbau einer wirklichen Konkurrenzsituation aber würde ausserordentlich umfangreiche Mittel erfordern, und als wie erfolgsträchtig solche Rieseninvestitionen nach dem Fiasko des European Business Channel noch beurteilt werden können, ist zumindest eine sehr offene Frage. Es kommt hinzu, dass eine von ohnehin schon *marktmächtigen Grossverlagen* – die vielleicht finanziell dazu imstande wären – getragene Konkurrenzinstitution keineswegs erwünscht ist, und schliesslich stellt sich die Frage, ob ein Konkurrenzkampf nicht einfach mit einer dauernden *Niveausenkung* geführt würde, wie das unter gewissen Druckerzeugnissen solcher Grossverlage heute schon der Fall ist.

Auch die Presse, so bedeutsam sie ist, *bildet keine ausreichende Gegenposition.* Sie kann zwar nachträglich analysieren und kritisieren, was wichtig ist, aber offensichtlich nicht genügt, und vor allem präventiv hat sie keine hinreichende Wirkung.

Eine wirkliche Lösung ist wohl nur dadurch zu erreichen, dass die SRG-Strukturen selber wirksam demokratisiert werden, dass also Meinungsmonopol und personelle Einseitigkeit aufgebrochen werden und der politische Pluralismus nicht nur theoretisch gefordert, sondern durch entsprechende Massnahmen bis hinab an die Front praktisch durchgesetzt wird.

Die heutigen SRG-Strukturen sind scheindemokratisch. Sie täuschen etwas vor, was nicht ist, weil das faktische Übergewicht der Insider und Profis die andern mühelos an die

Wand spielt. Eine Delegiertenversammlung beispielsweise, die nur in langen Abständen dann und wann zusammentritt, mit wohlpräparierter Traktandenliste und auf wenige Grundsatzentscheide beschränkt, ist dialektisch bestens geschulten und zielstrebig wirkenden Inhabern monopolgeschützter Machtpositionen *hoffnungslos ausgeliefert.* Die wenigen wirklich informierten und auch noch mit dem erforderlichen Mut ausgestatteten Leute, die dennoch zu opponieren wagen, werden an solchen Versammlungen von oben herab abgekanzelt, wie es jüngst Nationalrat Reimann widerfahren ist, und dann zur Strafe für ihre Unbotmässigkeit in den Monopolmedien zur Unperson gemacht.

Nur wenn sie *demokratisiert* und intern in einer Weise *neu strukturiert* wird, dass sie sich nicht mehr zum Instrument einer kleinen machtbewussten Gruppe und zum (Gegen-) Staat im Staat entwickeln kann, lässt sich die eine gewaltige Machtfülle beinhaltende Monopolstellung der SRG weiter verantworten. Die heutige Regelung jedenfalls hat versagt. Diese neuen Strukturen zu schaffen, bleibt angesichts der schwerwiegenden Missstände eine staatspolitische Aufgabe ersten Ranges.

WER KONTROLLIERT DIE VIERTE GEWALT?

Hans Georg Lüchinger

Die Väter des freiheitlich-demokratischen schweizerischen Bundesstaates haben sich im 19. Jahrhundert engagiert auch für die Volksschule eingesetzt. Denn die freie, eigenverantwortliche Meisterung des eigenen Lebens wie der staatlichen Gemeinschaft setzten beim einzelnen Bildung und Wissen voraus. *Information ist eine entscheidende Grundvoraussetzung der Demokratie.*

Vom Bürgergespräch zum Konsum der Massenmedien

Ältere Jahrgänge erinnern sich, dass Politik noch vor vier Jahrzehnten an zahllosen abendlichen Informationsveranstaltungen stattfand. Der persönliche Kontakt mit dem Bürger stand im Mittelpunkt. Eine hochstehende, von Idealen getragene und engagierte Presse unterstützte diesen Dialog.

Die öffentlichen politischen Versammlungen haben heute oft sogar in Wahlzeiten Seltenheitswert, nicht nur in der Schweiz. In Frankreich hat 1990 ein Regierungsmitglied seinen Rücktritt nehmen müssen, weil es eine von ihm unter Einsatz höchstrangierter Politiker organisierte öffentliche Veranstaltung in Paris mit bezahlten Claqueuren beschickte, um sich und den hochgestellten Rednern die drohende Blamage zu ersparen, vor drei Dutzend Zuhörern sprechen zu müssen. Die Massenmedien haben das persönliche Direktgespräch zwischen Politiker und Bürger abgelöst.

Gleichzeitig hat sich in den Massenmedien ein Wandel vollzogen, dessen Opfer die sachliche Information und der pluralistische Dialog sind. Sowohl bei den Printmedien wie bei den elektronischen Medien ist *ein immer radikaler werdender Verdrängungswettbewerb* im Gang. Der Konzentrationsbewegung im Zeitungssektor entspricht der Kampf um die Einschaltquoten bei Radio und Fernsehen.

Leider wird in diesem täglichen Medienkampf der *Sensationsjournalismus* weiterhum als die beste Waffe empfunden. Nicht mehr sachliche Information ist gefragt, sondern Sensation. Derjenige Journalist ist König, der unter Durchbrechung jeder persönlichen und staatlichen Vertrauenssphäre die extremsten Skandale aufzutischen und mit knallharten Schlagzeilen zu garnieren weiss. Und weil Skandale in den immer noch sehr braven und kleinen schweizerischen Verhältnissen eher selten sind, wird das vorhandene Material aufgebauscht und – wie im Falle der ebenso bedauerlichen wie lächerlichen Staatsschutzexzesse – über Monate hin auf dem grossen Medienfeuer am Kochen gehalten.

Dass rote und grüne, meist intellektuelle Journalisten diese Situation ausnützen, um ihre progressive politische Botschaft einseitig an den Bürger heranzutragen, ist nur eine Folge der Verluderung vieler Massenmedien und der Information schlechthin. Das Problem sollte daher nicht allein beim rot-grünen Medienmissbrauch angegangen werden, sondern beim *Grundverständnis der Medien* sowie bei der gesellschaftlichen und staatspolitischen Bedeutung der Information, und bei der Verantwortung für diese. Schaut man sich heute etwa bei den Verlegern der wichtigsten schweizerischen Printmedien um, so sieht man zahlreiche Leute, die nur noch an die Steigerung ihres Umsatzes, ihrer Gewinne und ihrer Medienmacht denken. Es sind Unternehmer ohne journalistische Ideale.

Und die SRG drückt sich unter ihrer heutigen obersten Leitung um das Problem der fairen Information in salopper Weise herum, unterstützt von einer Trägerschaft, welche nicht Interessenwahrerin der Hörer und Zuschauer ist. Die SRG ist dadurch zu einem niemandem wirklich verantwortlichen anonymen Machtkoloss geworden. Wer sie kritisiert, spricht an eine Mauer. *Den Dialog kennt diese Mauer nicht.*

Hinsichtlich der Presse wird die hier erhobene Kritik immer wieder mit dem Hinweis auf die pluralistische Vielfalt der Printmedien relativiert. Wer mit einer Zeitung nicht zufrieden sei, könne sich ja jederzeit eine andere kaufen, heisst es. Das ist richtig, doch ist folgendes zu bedenken: Tatsache ist nämlich, *dass die meisten Bürger dieses Landes in der Regel nur eine einzige Tageszeitung lesen,* die sie oft im Hinblick auf die Lokalinformationen wählen. Wenn diese Zeitung die Grundsätze eines fairen, offenen und sachgerechten Journalismus nicht hochhält, werden alle diese Bürgerinnen und Bürger *dauernd desinformiert.*

Praxisbeispiele des anwaltlichen Journalismus

Um nicht einfach Behauptungen in die Welt zu setzen, führe ich für den qualitativen Niedergang des schweizerischen Journalismus einige Beispiele an. Sie zeigen auf, dass die sachliche Information und die pluralistische Meinungsbildung als Grundlage eines selbständigen Urteils des mündigen Bürgers bei wichtigen schweizerischen Massenmedien oft nicht mehr gewährleistet sind.

1. In seiner Ausgabe vom 26. August 1988 startete der «Schweizerische Beobachter» eine über sieben Ausgaben breit geführte Kampagne gegen den damaligen Bundesratsgatten H. W. Kopp wegen Steuerhinterziehung und Begünstigung derselben durch die zuständigen Zürcher Steuerbehörden. Die Meldung von angeblich hinterzogenen Steuern in der Höhe von rund 2,5 Millionen Franken machte gestützt darauf die Runde in einem grossen Teil der Schweizer Presse. Der Zürcher «Tages-Anzeiger» widmete der Steuerhinterzie-

hung von H.W. Kopp in den folgenden vier Monaten 26 Berichte und Kommentare, einige fast ganzseitig, sechs auf der Frontseite. Das die Zürcher Steuerbehörden entlastende Gutachten des St. Galler Steuerfachmanns Prof. Dr. F. Cagianut qualifizierte er als «Gefälligkeitsgutachten».

Seinen letzten grossen Angriff publizierte der «Beobachter» am 16. Dezember 1989, zur gleichen Zeit, als die eingeschaltete Geschäftsprüfungskommission des Zürcher Kantonsrates die korrekte und gesetzmässige Amtsführung des kantonalen Steueramtes bestätigte und dem «Beobachter» vorhielt, kritiklos unbelegte Verdächtigungen eines Dritten übernommen zu haben. Der «Beobachter» hat seinen Lesern von diesem Schlussbericht der GPK des Zürcher Kantonsrates nie Kenntnis gegeben, auch nicht vom im Oktober 1989 ergangenen Entscheid des Zürcher Verwaltungsgerichtes, wonach H.W. Kopp schliesslich lediglich wegen Nachlässigkeit, weil er sich für die Steuererklärung auf seinen Buchhalter verliess, zu kantonalen Nachsteuern von knapp Fr. 26 000.– verurteilt wurde, einem Hundertstel dessen, was im Jahre vorher unter Berufung auf den «Beobachter» durch die Schweizer Presse gegangen war.

Der «Beobachter» hat mehrfach scheinheilig erklärt, dass sich seine Kampagne nicht gegen Bundesrätin Elisabeth Kopp richte. Hätte er aber ebenso geklotzt, wenn es um einen beliebigen anderen Wirtschaftsanwalt gegangen wäre?

Es kann keinem Zweifel unterliegen, dass das umstrittene, im Grunde aber verständliche Telefongespräch von Frau Elisabeth Kopp mit ihrem Gatten über den Geldwaschverdacht gegen die Shakarchi Trading AG nicht zuletzt unter dem schweren Druck der vorerwähnten Kampagne erfolgte, sicher auch die nicht mehr verständliche und von Elisabeth Kopp später auch selber als schwer begreiflichen Fehler anerkannte unterlassene Information der Öffentlichkeit über dieses Telefongespräch.

2. Die Medienkampagne zum Geldwaschverdacht und die nachfolgenden übrigen gegen sie gerichteten Medienangriffe bestätigten leider die Befürchtungen der ehemaligen Bundesrätin. Diese und ihr Gatte wurden in einer auch von anderen Zeitungen übernommenen Karikatur einer welschen Tageszeitung als aktive Geldwäscher dargestellt. Der Bundesrätin wurde ferner vorgeworfen, ihr Departement habe Angehörige der internationalen Drogen-Mafia gedeckt, Untersuchungen sowie die Gesetzgebungsarbeit gegen die Geldwäscherei verschleppt. Ihr Gatte habe hinter ihr als achter Bundesrat agiert. Als die zurückgetretene Bundesrätin schliesslich ihr Büro räumte, wurde ihr unterschoben, sie habe wichtige Akten vernichtet. Die Hatz ging so weit, dass nun plötzlich die gesamte Departementsführung der bisher hochgeachteten und laut verschiedenen Umfragen im Urteil des Volkes als beliebtestes Mitglied der Landesregierung eingestuften Bundesrätin in Zweifel gezogen wurde. Das führte zu einem entsprechenden Globalauftrag an die PUK I. Keine dieser Anschuldigungen hat sich in der Folge bewahrheitet. Die PUK I bestätigte der zurückgetretenen Bundesrätin, sie habe «unserem Lande nach bestem Wissen gedient und ihr Amt kompetent, umsichtig und mit Engagement geführt».

3. Die SRG hat ihren Teil an die Kampagne beigetragen. Wir beschränken uns auf das folgende Beispiel: Am Mittwoch, 21. Februar 1990, hatte das Bundesgericht die öffentliche Verhandlung wegen Amtsgeheimnisverletzung von alt Bundesrätin Elisabeth Kopp mit deren Schlusswort beendet. Am darauffolgenden Tage sollte die interne, geheime Urteilsberatung des obersten Gerichtes stattfinden. Am selben 21. Februar verbreitete

das Fernsehen DRS in einer Einschaltsendung «Tagesthema» ein Interview mit dem Zürcher Strafrechtsprofessor Dr. Jörg Rehberg, worin dieser erklärte und juristisch begründete, warum nach seiner Meinung nur eine Verurteilung von Frau Elisabeth Kopp möglich sei. Da wurde also am Fernsehen DRS am Vorabend der geheimen Urteilsberatung des Bundesgerichtes mit einer Einschaltsendung auf das zu fällende Urteil massiv Einfluss genommen und unter Verletzung von Art. 6 der Europäischen Menschenrechtskonvention eine klare Vorverurteilung der früheren Bundesrätin ausgesprochen. Die Vermutung, dass dies seitens der Redaktion des Fernsehens DRS in Kenntnis der Meinung Rehbergs geschah, drängt sich aufgrund des Ablaufs des Interviews auf. Dass sich Rehberg als Rechtsprofessor und langjähriger zürcherischer Kassationsrichter zu diesem Interview mit seiner rechtswidrigen Vorverurteilung überhaupt bereitfand, ist unverständlich.

Damit nicht genug. Nachdem sich Rehberg als Vorverurteiler so bewährt hatte, kam er zwei Tage später, nach der Urteilseröffnung des Bundesgerichtes, sowohl im «Echo der Zeit» von Radio DRS wie auch in der Haupttagesschau des Fernsehens DRS mit einer vernichtenden Urteilskritik nochmals zu Wort, im Radio DRS neben einer gehässig-scharfen Urteilsschelte eines internen Radiomitarbeiters, am Fernsehen ohne Gegenpart. Die SRG hat damit den Freispruch der früheren Bundesrätin in völlig einseitiger Weise zerrissen, bevor noch eine schriftliche Urteilsbegründung vorlag.

4. Eine sehr breite und massive Medienkampagne fand auch gegen die vom Schweizervolk in der Abstimmung über die 2. Asylgesetzrevision vom Frühjahr 1987 mit grossem Mehr gutgeheissene Asylpolitik des Bundesrates und der Bundesversammlung statt. Während sich die bürgerlichen Parteien und Politiker nach dieser Volksabstimmung anderen wichtigen Tagesfragen zuwandten,

publizierte ein grosser Teil der Medien immer neue Communiqués zahlreicher lokaler Asylkomitees. Diese spielten angeblich stossende Asylentscheide der Mitarbeiter des Flüchtlingsdelegierten hoch. Aus Gründen des persönlichen Datenschutzes pflegte der Pressesprecher des Delegierten darauf nicht zu reagieren; andersdenkende Bürger mussten wegen Unkenntnis der Fakten des Einzelfalles schweigen. So verbreitete eine Mehrzahl der Medien unter Einschluss der SRG dem Bürger und dem Ausland das Bild einer angeblich skandalösen, unmenschlichen Asylpolitik der Schweiz.

Den Höhepunkt erreichte diese Medienkampagne bei der Ausweisung des Zairers Mathieu Musey, der zu Ausbildungszwecken in die Schweiz gekommen war und 15 Jahre später nach zahlreichen grosszügigen Erneuerungen seiner ausbildungsbedingten Aufenthaltsbewilligung die schliesslich drohende Ausweisung mit einem unbegründeten Asylgesuch zu durchkreuzen versuchte. Musey wurde von den Medien zu einem Märtyrer hochstilisiert. Im November 1987 publizierten die «Berner Zeitung», die «Basler Zeitung» und der «Tages-Anzeiger» – im Medienverbund mit einer Sendung der «Rundschau» des Fernsehens DRS – je einen ganzseitigen Artikel desselben Autors mit einer stossenden, behördenfeindlichen Desinformation über den Fall Musey. Keiner Bundesratspartei ist je ein solches Zugeständnis gemacht worden. Als Musey und seine Familie schliesslich in seine Heimat zurückgeschoben wurden, prognostizierten verschiedene Medien seine Verhaftung, Folterung und gar Vernichtung. Nichts davon ist eingetreten.

5. In der «Rundschau»-Sendung vom 24. April 1990 wurde alt Bundesrätin Elisabeth Kopp beschuldigt, sie habe eine Gehilfin der früheren argentinischen Militärdiktatur vor der vom Bundesgericht gutgeheissenen Auslieferung in ihr Heimatland bewahrt. Durch

grauenvolle Bilder aus der Terrorszene des früheren argentinischen Militärregimes wurde die Verwerflichkeit des Verhaltens der früheren Bundesrätin betont.

Die «Rundschau» verheimlichte dem Zuschauer die der Redaktion bekannte Tatsache, dass der kritisierte sechsmonatige Aufschub nicht von Frau E. Kopp verfügt worden war, sondern von der dafür zuständigen und mit den Verhältnissen bestens vertrauten Justizdirektion des Kantons Zürich, die damit auf die im Zürcher Oberland lebenden Kinder der Argentinierin Rücksicht nahm. Alt Bundesrätin E. Kopp hat lediglich darauf verzichtet, gegen diesen Entscheid an den Zürcher Regierungsrat zu rekurrieren. Sie hat es ebenfalls mit Rücksicht auf die Kinder getan, die in der ganzen «Rundschau»-Sendung mit keinem Wort erwähnt wurden. Die «Rundschau» hat den Zuschauern auch unterschlagen, dass der in der Sendung gegen den Schluss erwähnte Rückzug des Auslieferungsbegehrens durch Argentinien nicht wegen der von der «Rundschau» als fiktive Bürgerrechtsehe dargestellten Verheiratung der betroffenen Argentinierin mit einem Schweizer erfolgte, sondern darum, weil inzwischen ihre Unschuld bezüglich des vermeintlichen deliktischen Verhaltens in Argentinien offenbar geworden war. Die nach dem rechtskräftigen Ausweisungsentscheid des Bundesgerichtes erfolgte Verheiratung mit ihrem Schweizer Freund hätte übrigens eine Ausweisung der Argentinierin rechtlich gar nicht mehr verhindern können, wäre das Auslieferungsbegehren Argentiniens aufrechterhalten worden.

Die beruflichen Standesregeln des «Verbandes Schweizer Journalisten» (VSJ) verpflichten die Medienschaffenden zur Wahrheit und dazu, keine wichtigen Elemente von Informationen zu unterschlagen oder Tatsachen zu entstellen. Diese Grundsätze wurden hier klar verletzt.

6. Im Hinblick auf die eidgenössische Volksabstimmung vom 12. Juni 1988 zur Verfassungsvorlage über den koordinierten Verkehr trug der «Tages-Anzeiger» am 30. April 1988 unter dem Titel «Falschspieler in der Schweizer Politik?» eine scharfe Attacke gegen die bürgerlichen Parteien vor, unter anderem mit der Begründung, FDP-Fraktionssprecher Hans Georg Lüchinger habe im Nationalrat zum koordinierten Verkehr und zur stärkeren Förderung des öffentlichen Verkehrs ja gesagt. Dennoch habe sich an dem für die eidgenössische Abstimmungsparole zuständigen FDP-Parteitag mit einer Ausnahme kein Parlamentarier für die Vorlage ausgesprochen. Der «Tages-Anzeiger» unterschlug, dass die FDP-Fraktion den konkreten bundesrätlichen Antrag schon im Ständerat kritisiert und im Nationalrat einen sorgfältig erarbeiteten Gegenvorschlag eingebracht hatte, aber mit allen ihren Anträgen unterlegen war. Die Haltung der FDP-Parlamentarier in der Abstimmungskampagne entsprach daher durchaus ihrer Stellungnahme in der Bundesversammlung. Eine entsprechende Richtigstellung von meiner Seite wurde im «Tages-Anzeiger» korrekt abgedruckt.

Einen Monat später, zwölf Tage vor der Volksabstimmung, strahlte die «Rundschau» des Fernsehens DRS eine identische Attacke aus, wiederum unter Zitierung des gleichen isolierten Satzes meines Eintretensreferates zum koordinierten Verkehr im Nationalrat, wiederum unter Verheimlichung meiner begründeten Ablehnung des konkreten Bundesratsantrages und der substantiellen Gegenanträge der FDP-Fraktion.

7. Am 18. März 1989 publizierte der «Tages-Anzeiger» einen kritischen Artikel seines als anwaltlicher Journalist bekannten Berner Korrespondenten über den Vollzugsnotstand beim Raumplanungsgesetz, mit der folgenden im Lead in Fettdruck gesetzten Rüge: «Statt Gemeinden und Kantonen Beine zu machen, liess die

frühere Bundesrätin Kopp das zuständige Bundesamt für Raumplanung mitunter für türkische Architekten und den Schweizer Baumeisterverband arbeiten.» Diese Anschuldigung wurde im Artikel breit wiederholt.

Eine Überprüfung des Sachverhaltes ergab die Unwahrheit der Anschuldigung. Meine als Leserbrief zur Publikation eingereichte Richtigstellung wurde zuerst vom kritisierten Berner Korrespondenten abgewiegelt. Die darauf kontaktierte Chefredaktion erklärte, man werde den Leserbrief nur mit der Beifügung abdrucken, dass die Redaktion an ihrer Darstellung festhalte und der Autor dafür schriftliche Belege habe, die man allerdings nicht vorlegen wollte. Als auf meine Veranlassung der Präsident des Baumeisterverbandes und der damalige Leiter des Bundesamtes für Raumplanung ihrerseits der Chefredaktion die falsche Sachdarstellung des Berner Korrespondenten schriftlich bestätigten, erschien mein Leserbrief mit mehrwöchiger Verspätung ungekürzt und ohne redaktionellen Zusatz. Der leitende Inlandredaktor des «Tages-Anzeigers» nahm aber gleichzeitig in einem Brief an mich an der organisierten Briefaktion der betroffenen beiden Herren Anstoss und fügte bei, «ein nächstes Mal kann dies zur Folge haben, dass wir alles in den Papierkorb werfen». Wenn also ein Leser des «Tages-Anzeigers» eine falsche Meldung richtigstellen und die Unwahrheit durch schriftliche Bestätigungen der involvierten Personen beweisen will, läuft er Gefahr, mit seiner Richtigstellung in den Papierkorb zu wandern. Der fragliche Redaktor ist heute nebenamtlicher Dozent für Journalistik an der Universität Bern und bildet die künftige Journalisten-Generation aus.

8. Zum neuen Journalismus des heutigen extremen Medienwettbewerbes gehört auch die schamlose Ausbeutung vertraulicher oder geheimer Informationen. Dieselben Journalisten, die sich über das lange Ausbleiben des Datenschutzgesetzes ereifern, zerren jedes noch so

persönliche oder vertrauliche Faktum an den Tag. In welcher Art dies geschieht, zeigt das folgende Beispiel: Im März 1987, drei Wochen vor der Volksabstimmung über die 2. Asylgesetzrevision, wurde in einem Teil der Presse mit oft grosser Aufmachung ein noch nicht diskutierter und beschlossener, völlig einseitiger Berichtsentwurf an die zuständige Sektion der nationalrätlichen Geschäftsprüfungskommission (GPK) zur Asylpolitik publiziert und hochgespielt. Der unobjektive Entwurf brandmarkte verschiedene Elemente des Asylverfahrens als rechtswidrig. Flugs proklamierte das die Asylgesetzrevision ablehnende Abstimmungskomitee, dass die GPK seine Kritik an den Kernpunkten der Vorlage teile. Eine vom Präsidenten der zuständigen GPK-Sektion verbreitete Richtigstellung erschien in der Presse nicht oder so versteckt, dass sie den Paukenschlag nicht mehr zu korrigieren vermochte.

Im März 1989 spielte ein Mitglied oder das Sekretariat der gleichen GPK der Presse einen wiederum noch nicht behandelten und daher vertraulichen einseitigen Berichtsentwurf zu den Fällen Musey und Maza zu, mit der Anklage, der Bundesrat habe in beiden Fällen widerrechtlich gehandelt. Ebenso flugs wie vor zwei Jahren wurde, gestützt auf die laute Presseausbeutung dieses Vertrauensbruches, reagiert und der Rücktritt des Flüchtlingsdelegierten gefordert.

9. Am 1. März 1990 verbreitete Radio DRS in den Abendinformationen die schockierende Nachricht, der Bundesrat habe seinerzeit beschlossen, sich in einem kriegsbedingten Krisenfall in ein vorbereitetes Asyl in Irland zu begeben, aber ohne die sozialdemokratischen Mitglieder der Landesregierung. Der als einziger Gast zur Stellungnahme eingeladene SP-Präsident Helmut Hubacher nahm die Meldung zum Anlass, um über die Missachtung und Unterdrückung seiner Partei durch die offizielle Schweiz loszuziehen. Ein Teil der schwei-

zerischen Presse veröffentlichte am anderen Tag die gleiche Nachricht, gestützt auf zwei Meldungen der Schweizerischen Depeschenagentur (SDA).

Für jeden Kenner der schweizerischen Innenpolitik war es sofort klar, dass hier eine Falschmeldung vorlag. Es war nach dem Grundprinzip der schweizerischen Konkordanzdemokratie undenkbar, dass die Landesregierung je eine derartige Ächtung einer grossen Landespartei für eine Krisensituation auch nur erwogen hätte. Einige Zeit später wurde denn auch die Falschmeldung vom Bundeshaus klar dementiert.

Ich war so erstaunt darüber, dass sich nun sogar die SDA mit einer so krassen Falschmeldung in die Hysterie gegen die Bundesbehörden einschaltete, dass ich noch vor der Richtigstellung durch den Bundesrat den verantwortlichen Redaktor der SDA anrief und ihn fragte, wie er dazu komme, eine so offensichtlich falsche Information zu verbreiten. Die Angelegenheit war ihm offensichtlich unangenehm. Er hatte schon andere kritische Telefonanrufe erhalten. Er berief sich darauf, dass das Radio DRS von einem konsultierten früheren UNA-Mitarbeiter ebenfalls eine Bestätigung der Meldung erhalten habe. Und schliesslich fügte er sinngemäss bei: Die SDA stehe heute im Wettbewerb und müsse diejenigen Meldungen verbreiten, welche ihre Kunden wünschten.

Macht ohne Kontrolle

Die voranstehenden Beispiele liessen sich allein aus meinem eigenen Archiv wesentlich erweitern. Die Beispiele sind zwar für zahlreiche Mediengefässe und Medienschaffende bezeichnend, *dürfen aber nicht undifferenziert verallgemeinert werden*. Das letzte Beispiel bestätigt aber unsere einleitende Analyse des heutigen Sensationsjournalismus.

Es gehört zum Machtmissbrauch anwaltlicher Journalisten, dass sie jede Kritik an ihrer Arbeit mit dem empörten Vorwurf der «Zensur» von sich weisen. Sie nehmen für sich die heilige Aufgabe in Anspruch, in Bund und Kantonen die Macht der Legislative, der Exekutive und der Justiz zu kontrollieren. Für sich selbst aber *lehnen sie jede Kontrolle als systemfremd ab.*

Diese Haltung ist schon grundsätzlich fragwürdig. Jeder, der im Bereich der staatlichen Tätigkeit und des öffentlichen Lebens Macht ausübt, bedarf einer Kontrolle. Eine freiheitliche und menschliche Gesellschaft ist nicht gewährleistet, wenn einzelne unkontrolliert Macht ausüben können.

Im Bereiche der Massenmedien ist diese Kontrolle darum erst recht unerlässlich, weil diese eine Macht aufgebaut haben, welche heute über diejenige der Politiker und Parteien weit hinausreicht. Diese Macht ist um so grösser, als man den Eindruck hat, dass in unserem Lande viele Politiker und auch grosse Parteien gelegentlich *wie gelähmt vor der Reaktion der Medien stehen.* Für einzelne frühere und heutige Bundesräte soll die Lektüre der Presse und die besorgte Suche nach Lob und Tadel zur eigenen Person und Arbeit zur ersten Tagesaufgabe gehören oder gehört haben. Und ist nicht der neue Präsident der SP Schweiz, Nationalrat P. Bodenmann, von seinem Vorgänger vor allem darum vorgeschlagen und durchgesetzt worden, weil er sich wie dieser farbig, aggressiv und sensationsträchtig zu artikulieren weiss und daher bei den Medien mit einem Logenplatz rechnen kann? Nationalrat Jean Ziegler spielt im Parlament – wenn er überhaupt einmal anwesend ist – eine praktisch bedeutungslose Rolle. Aber die Medien reissen sich um ihn, weil seine skurrilen Auftritte, seine kraftvollen Schmähungen und saftigen Unwahrheiten mit fast hundertprozentiger Sicherheit eine Sensation garantieren. Und die will man um jeden Preis.

Die Macht der Medien erlebt man vor allem vor Bundesratswahlen. Da hat sich schon mehrmals der Ehrgeiz dieser oder jener Pressegruppe gezeigt, einmal «einen Bundesrat zu machen». Bis jetzt ist es misslungen, aber die erste Bundesrätin gestürzt zu haben, dessen können sich die Medien gewiss rühmen.

Und diese öffentliche Gewalt soll ohne jede Kontrolle agieren?

Der Präsident der FDP der Schweiz, Nationalrat Franz Steinegger, hat sich darüber beklagt, dass seine Partei wegen der mangelnden Offenheit der Medien *mit ihren Meinungen und Vorschlägen oft nicht mehr an den Bürger gelange.* Man könne nicht jedes Communiqué abdrucken, lautete eine kurzangebundene Reaktion. Steineggers Hinweis zeigt aber eine grundlegende Problematik der heutigen Mediensituation auf: Weil die Massenmedien das direkte Gespräch mit dem Bürger weitgehend verdrängt haben, sind die Parteien und Politiker für den Dialog mit dem Volk von den Medien abhängig. Die vierte Gewalt im Staat, der eine Kontrollfunktion zukommen sollte, setzt sich damit selber an die Hebel der Macht. Dass Journalisten diese Hebel raffiniert und rücksichtslos zu bedienen wissen, haben die vorn angeführten Beispiele aus der Medienpraxis gezeigt.

Wirkungslose Selbstkontrolle

Es kann daher keinem Zweifel unterliegen: Die Medien als vierte Gewalt im Staate bedürfen ihrerseits der Kontrolle. *Wünschenswert wäre eine Selbstkontrolle der Medien. Aber die spielt nicht.*

Die meisten Leser werden erstaunt sein zu vernehmen, dass der Verband Schweizer Journalisten (VSJ) seit Jahren über einen Presserat verfügt, der zu Fragen der Berufsethik Stellung nimmt. Aus einem auf Anfrage erhältlichen Bericht für die Jahre 1983–1989 resultieren indessen lediglich fünf Entscheide zu Fragen der korrekten Information. Andere Entscheide betreffen Wettbewerbskonflikte oder Standesfragen wie die Beachtung des Berufsgeheimnisses oder einer Sperrfrist. Der Presserat kann nur Feststellungen und Empfehlungen äussern; andere Sanktionsmöglichkeiten hat er nicht. Von der Möglichkeit der Veröffentlichung eines Entscheides ist noch nie Gebrauch gemacht worden, weshalb die wenigsten Bürger von der Existenz des Presserates Kenntnis haben.

Noch viel prekärer steht es um die Selbstkontrolle der Zeitungsverleger. Der Schweizerische Verband der Zeitungs- und Zeitschriftenverleger hat die seit 1980 in seinen Statuten vorgesehene Beschwerdekommission erst im April 1988 konstituiert. Sie beurteilt streitige Fragen des Wettbewerbes, der Publizistik, des Verkehrs mit Verwaltungsorganen und des verlegerisch-unternehmerischen Verhaltens. Die Beschwerdekommission kann schon aufgrund der Statuten nur beratend und gutachtlich tätig sein. Bei den Verlegern scheint eine ausgesprochene Scheu vor Einflussnahme und Öffentlichkeit zu herrschen, aber auch vor Verantwortung. Die massive Medienkampagne gegen die erste Bundesrätin versuchten Mitarbeiter des Zeitungsverlegerverbandes mit einer Presseanalyse herunterzuspielen, die aber nur die Publikationen einer einzigen Woche berücksichtigte. Trotzdem wurde sie in den Medien als überzeugender gutachtlicher Nachweis ihres eigenen Wohlverhaltens gehandelt.

Angesichts dieses Versagens der Selbstkontrolle ist es notwendig, in einer landesweiten Aktion vieler Bürgerinnen und Bürger die ethischen Grundsätze des Journalismus und die staatspolitische Notwendigkeit einer offenen, sachlichen Information sowie der Ermöglichung eines pluralistischen Meinungsbildungsprozesses durch die Medien bewusst zu machen. So bewusst und so wegleitend im öffentlichen Verständnis und Bewusstsein, dass es einen Zeitungsverleger und einen Generaldirektor der SRG nicht mehr gleichgültig lassen kann, wenn diese

Grundsätze in seinem Mediengefäss gröblich verletzt werden.

Es ist auffallend, wie sehr es in der Schweiz an einer grundsätzlichen Auseinandersetzung über die *gesellschaftliche und politische Bedeutung der Kommunikation schlechthin* fehlt. Darum kommt auch kein Gespräch über die sich daraus ergebende *Notwendigkeit einer journalistischen Ethik* zustande. Dieser dringende grundsätzliche Dialog vermöchte den Niedergang des Journalismus und die verbreitete Manipulation der öffentlichen Meinung viel eher zu korrigieren als politische Angriffe auf rot-grüne Aktivisten, welche sich dieser Manipulation besonders häufig bedienen.

RECHTSPROBLEME IN DER DEMOKRATIE

EIN PUK-BERICHT MIT POLITISCHEN
UND RECHTLICHEN ANGELN

Monika Scherrer

Elisabeth Kopp hat «unserem Lande nach bestem Wissen gedient und ihr Amt kompetent, umsichtig und mit Engagement geführt». Mit Nachdruck wurde «festgehalten, dass das EJPD – abgesehen von den erwähnten Kritiken – gut funktioniert, korrekt geleitet wird und das Vertrauen des Parlaments und der Öffentlichkeit verdient». Diese beiden Sätze sind im Kapitel «Gesamtwürdigung» des Schlussberichtes der Parlamentarischen Untersuchungskommission (PUK) zu finden, in der Öffentlichkeit, auch von den Medien, aber kaum zur Kenntnis genommen worden. Stattdessen konzentrierte man sich auf die festgestellten Mängel, die, wie die PUK selber einräumte, zu einem Missverhältnis zwischen Kritik und positiven Feststellungen führen mochte.

Was aus dem PUK-Schlussbericht in der Öffentlichkeit gemacht wurde, hat tatsächlich jede Proportion vermissen lassen, ja, es wurde gar von einer «Staatskrise» gesprochen, was eine deutsche Zeitung zur Bemerkung veranlasste, in jedem anderen Staat wäre in solch einer Lage die Regierung schon längst zurückgetreten. Wie war das möglich, fragt man sich heute und stellt schnell fest, dass einigen Medien, elektronischen wie gedruckten, ein grosser Teil der Verantwortung zukommt. Doch auch die PUK selbst hat mit einem Bericht, der nicht immer ohne Widersprüchlichkeiten und Ungenauigkeiten blieb, einiges zur Einseitigkeit, zur unfairen Kritik, ja zur Polemik beigetragen.

Zunächst einige Äusserlichkeiten: Der PUK-Schlussbericht umfasst knapp 230 Seiten mit unzähligen spannend geschriebenen Geschichten über Ereignisse um Personen oder Firmen, deren Handhabung durch Amtsstellen des EJPD kritisch gewürdigt wurde. Positive Feststellungen, wie: die kritisch gewürdigten Sachverhalte im Zusammenhang mit dem Rücktritt von Bundesrätin Kopp seien «gerechterweise an der überwiegend korrekten Amtsführung zu messen», oder im Bereich der Spionageabwehr und der Terrorismusbekämpfung habe die Bundespolizei «gute Arbeit geleistet», die festgestellten Mängel müssten am «überwiegend korrekten und sachgerechten Verhalten gemessen werden», fanden sich nur in einzelnen Sätzen und gingen damit praktisch unter.

Diesem Umstand wurde auch durch die Art und Weise der Veröffentlichung nicht Rechnung getragen. Der PUK-Schlussbericht wurde am 24. November 1989 publiziert und der Öffentlichkeit an einer Pressekonferenz vorgestellt, am 27. November 1989 begann die Wintersession der eidgenössischen Räte. Weder die Bundeshausjournalisten noch die Parlamentarier hatten deshalb ausreichend Zeit, den ganzen Schlussbericht sorgfältig durchzuarbeiten, um sich für die PUK-Debatte in der zweiten Sessionswoche umfassend vorzubereiten. Damit aber war der einseitigen und polemischen Berichterstattung anhand der Aufbauschung von Einzelereignissen Tür und Tor geöffnet, zumal die Öffentlichkeit zu jenem Zeitpunkt sozusagen «reif» war für Skandalgeschichten. Eine Zusendung des PUK-Berichtes an Bundeshausjournalisten und Parlamentarier mit einer mindestens einwöchigen Sperrfrist wäre hier der Sache sicherlich dienlich gewesen.

Der «Fall Kopp»

Doch nun zum Inhaltlichen: Der parlamentarische Auftrag an die PUK lautete, die Amtsführung des EJPD und insbesondere diejenige der Bundesanwaltschaft zur Klärung der im Zusammenhang mit der Amtsführung und dem Rücktritt der Departementsvorsteherin erhobenen Vorwürfe zu untersuchen. Ausserdem sollte sie das Vorgehen der Bundesbehörden und Bundesstellen bei der Bekämpfung der Geldwäscherei und des internationalen Drogenhandels abklären sowie politische Verantwortlichkeiten und allfällige institutionelle Mängel offenlegen. Dabei hatte die PUK, wie sie selber eingangs des Berichts erklärte, das Verhalten der Behörden und Personen unter politischen, nicht unter straf- oder disziplinarrechtlichen Gesichtspunkten zu würdigen.

Ob dieser Auftrag auch diejenigen Umstände, die schliesslich zum Rücktritt von Bundesrätin Kopp führten, mit beinhaltete, mag dahingestellt bleiben. Problematisch war es auf jeden Fall, lief doch bereits ein strafrechtliches Ermittlungsverfahren gegen Frau Kopp und zwei ihrer Mitarbeiterinnen. Die Gefahr, dass hier das rechtsstaatliche Gebot der Gewaltentrennung missachtet würde, war gross, weshalb die PUK denn auch in der Einleitung festhielt, sie habe das Verhalten der beteiligten Personen «aus Gründen der Gewaltenteilung nicht unter strafrechtlichen Gesichtspunkten zu würdigen». Das hat sie im formaljuristischen Sinne auch nicht getan. Doch es genügt meines Erachtens nicht, nur materiell keine strafrechtliche Würdigung vorzunehmen, um das Gebot der Gewaltenteilung einzuhalten.

Rechtsstaatlich problematisch ist die Einsetzung eines Gremiums der Legislative grundsätzlich dann, wenn es dieselben Tatbestände zu untersuchen hat, die auch Gegenstand von gerichtspolizeilichen Ermittlungen sind und die, je nach Ermittlungsergebnis, allenfalls die Judikative zu bewerten hätte. Eine parlamentarische Untersuchungskommission müsste deshalb spätestens zum Zeitpunkt einer formellen Anklage in ihrer Bewertung der Sachverhalte besonders zurückhaltend sein, falls sie ihre Untersuchungsergebnisse überhaupt noch darlegen will. Insofern hat die PUK mit ihrer kraft ihrer überparteilichen Zusammensetzung die «Wahrheit» beanspruchenden Darstellung von Sachverhalten, die später vor Bundesgericht teilweise umstritten waren, dem Gebot der Gewaltenteilung eben nicht genügend Rechnung getragen; denn dort wo Widersprüche in den Aussagen auftauchten, hat die PUK mehr oder minder klar durchblicken lassen, welche Aussage sie als glaubwürdiger erachtete.

Ja, sie ging sogar noch weiter. Vergleicht man nämlich die Aussagen der beteiligten Personen vor der PUK mit denjenigen während des Strafprozesses vor Bundesgericht einige Monate später (19. bis 23. Februar 1990), so stellt man fest, dass die für Frau Kopp entlastenden Aussagen im PUK-Bericht wenig Berücksichtigung fanden. So verschwieg beispielsweise die PUK in ihrem Bericht, dass Frau Kopp departementsinterne Informationen wie diejenigen aus dem Käslin-Bericht eigentlich auf dem Dienstweg über den EJPD-Generalsekretär hätte erfahren müssen. Da sie aber die Informationen von ihrer persönlichen Mitarbeiterin erhielt, ist Frau Kopps Annahme, es habe sich um eine externe Informationsquelle gehandelt, durchaus nachvollziehbar, zumal bekannt war, dass die persönliche Mitarbeiterin vielfältige Kontakte, auch ausserhalb des Departements, unterhielt. Folgerichtig konnte sie dann aber auch nicht davon ausgehen, dass sie mit ihrem «Telefon-Tip» an ihren Mann eventuell eine Amtsgeheimnisverletzung begehen könnte. (Das Bundesgericht sah es denn auch nicht als erwiesen an, dass Frau Kopp vorsätzlich oder eventualvorsätzlich gehandelt hatte, und sprach sie deshalb von der Anklage der Amtsgeheimnisverletzung frei.)

Wie ist nun aber zu erklären, weshalb diese Sicht der Dinge im PUK-Bericht keine Erwähnung fand? Einmal besteht die Möglichkeit, dass, wie die Verteidigung von Frau Kopp vor Bundesstrafgericht kritisiert hatte, die Angeschuldigte vor der PUK nicht ausreichend Gelegenheit erhielt, zu den sie belastenden Aussagen Stellung zu nehmen. Sollte dies der Fall gewesen sein, so hätte die PUK nicht nur gegen Bestimmungen des Geschäftsverkehrsgesetzes verstossen, sondern auch gegen das Grundrecht auf rechtliches Gehör. Sollte sich die PUK allerdings an die gesetzlichen Bestimmungen gehalten haben, so müsste ihr der Vorwurf gemacht werden, dass sie die für Frau Kopp entlastenden Aussagen bewusst verschwiegen hätte. So oder anders kam damit die Darstellung über die Umstände des Rücktrittes von Bundesrätin Kopp einer moralischen Vorverurteilung gleich und war deshalb auch geeignet, die Unabhängigkeit und Unvoreingenommenheit der Bundesrichter zu beeinträchtigen.

Bekämpfung des Drogenhandels

Wenn es auch unter politischen Gesichtspunkten sinnvoll sein mag, anhand konkreter Beispiele des Drogenhandels und insbesondere der Geldwäscherei die Arbeitsweise, aber auch die Überforderung der zuständigen Zentralstelle in der Bundesanwaltschaft aufzuzeigen, so darf unter juristischen Aspekten die in einem Rechtsstaat geltende Unschuldsvermutung bis zu einer allfälligen rechtskräftigen Verurteilung nicht ignoriert werden. Äusserst problematisch ist es deshalb, wenn eine vom Parlament eingesetzte Untersuchungskommission öffentlich konkrete Tatbestände darlegt, die noch nicht einmal zur Einleitung eines strafrechtlichen Ermittlungsverfahrens geführt haben. Auch hier wurde in der Wirkung das Gebot der Unschuldsvermutung missachtet, ohne dass die PUK indessen formaljuristisch ein Strafurteil abgegeben hätte. Doch auch unter dem politischen Aspekt sind meines Erachtens Aussagen einer parlamentarischen Untersuchungskommission fragwürdig, die politische Verantwortlichkeiten nicht sachlich darlegten, sondern eher klassenkämpferische Töne aufwiesen. So kritisierte beispielsweise die PUK im Zusammenhang mit der Aktion

112

«Tam-Tam» (Aushebung tamilischer Drogenhändler-kreise in den Jahren 1985/86), dass es sich bei den Verdächtigen um «unterprivilegierte, finanziell unwichtige Leute ohne entsprechende Lobby gehandelt» habe und warf gleichzeitig den Bundesbehörden vor, bezüglich der Finanzaktionen nicht «wenigstens das Erreichbare» getan zu haben. Darüber hinaus insinuierte die PUK, dass die «pressewirksame» Verhaftungsaktion durch asylpolitische Überlegungen eventuell mitbeeinflusst worden sei, indem sie erklärte, ob dies so sei, habe «nicht restlos geklärt» werden können.

Ähnliche Formulierungen, die im Grunde das Gegenteil von dem unterstellten, was tatsächlich ermittelt worden war, fanden sich noch andernorts im Bericht. So untersuchte die PUK die Rolle der amerikanischen Drug Enforcement Administration (DEA), die 1984 auf Anregung der Bundesanwaltschaft ein der US-Botschaft angegliedertes eigenes Verbindungsbüro in Bern eröffnete. Zwar seien so dank der Zusammenarbeit mit der DEA in den vergangenen Jahren spektakuläre Fälle gelöst worden. Kritiker meinten aber, so die PUK, es sei zu bedenken, dass ohne die von der DEA vermittelten «undercover agents» und die von ihr zur Verfügung gestellten materiellen Mittel Drogenfälle dieser Grössenordnung «vielleicht gar nie in die Schweiz hereingezogen worden wären». Hier müsste eher die Frage aufgeworfen werden, inwieweit nicht der vom Parlament zu verantwortende Personalstopp, die damit zusammenhängende Überforderung der Zentralstelle, aber auch die damals noch nicht strafbare Drogengeldwäscherei, die Drogenkriminalität in der Schweiz gefördert haben.

Vollends unverständlich ist schliesslich der Vorwurf der PUK, die Bundesanwaltschaft habe eine geradezu «willfährige Haltung» gegenüber der DEA, während sie andererseits für Begehren aus anderen ausländischen Staaten zu formalistische Kriterien anwendete. Immerhin wäre hier vielleicht abzuklären gewesen, ob es sich nicht bei einzelnen Staaten um solche handelte, die politisch missliebigen Personen zuweilen auch Drogendelikte vorwerfen, um ihrer habhaft zu werden. Dass die Bundesanwaltschaft in solchen Fällen strengere Massstäbe für eine Zusammenarbeit anlegen würde als bei Staaten, deren Behörden sie als zuverlässig erfahren haben, würde sich dann geradezu aufdrängen. Dass die PUK sich hier lediglich auf äusserliche Tatsachen konzentrierte, ohne nach den Gründen für die bevorzugte Zusammenarbeit der Zentralstelle mit der DEA zu forschen, ist bedauerlich, weil damit der Eindruck entstand, die Zentralstelle lasse sich eher von politischen als von sachbezogenen Erwägungen leiten.

Die Bundesanwaltschaft

Auch in anderen Fällen spielte sich die PUK zum moralischen, in einzelnen Fällen aber de facto auch strafrechtlichen Richter auf über Ereignisse und Personen, die sie, wie sie selber schrieb, nicht immer in allen Einzelheiten nachgeprüft hat, was meines Erachtens weder ethisch und schon gar nicht rechtlich zu vertreten ist. Behauptungen, wie beispielsweise das Vorgehen der Bundespolizei bei der Überprüfung von Telegrammen in die DDR sei «rechtswidrig» gewesen, ist nicht nur ein Verstoss gegen das Gebot der Gewaltenteilung, weil der Ausdruck «Rechtswidrigkeit» im Sinne des Strafrechts verstanden werden muss. Wenn die PUK aber schon zu Urteilen mit strafrechtlichem Charakter gelangt, dann hätte sie auch allfällige Rechtfertigungsgründe untersuchen und darstellen müssen. Das hat sie unterlassen, indem sie verschwieg, was alt Bundesanwalt Professor Hans Walder in der NZZ vom 11. Juni 1990 darlegte, dass nämlich lediglich solche Telegramme überprüft worden seien, deren Absenderangaben falsch oder deren Empfänger eine erkannte Deckadresse des DDR-Nachrichtendienstes war. Ebenso verschwieg sie, dass mit dieser Aktion das Agentenehepaar Kälin alias Wolf der Spionagetätigkeit für die inzwischen auch in der Schweiz allgemein berüchtigte «Stasi» überführt werden konnte. PUK-Präsident Leuenberger erklärte dazu (NZZ vom 12. Juni 1990), diese Umstände seien ihm bekannt gewesen, es sei aber nicht darum gegangen, zu überprüfen, ob nach polizeilichen Aspekten richtig gearbeitet worden war, sondern um das Aufzeigen von «strukturellen Mängeln». Deshalb habe die PUK auch nicht den damals für die Aktion verantwortlichen Bundesanwalt Walder oder den damaligen Chef des Rechtsdienstes der PTT befragt.

Wenn ein Amt aber schon nach allfälligen institutionellen Mängeln durchforstet werden soll, dann müssten meines Erachtens alle Gesichtspunkte ausgeleuchtet, gegeneinander abgewogen und auch entsprechend dargestellt werden. Das hat die PUK zwar offensichtlich getan, wenn sie, wie eingangs beschrieben, zum Schluss kam, dass das EJPD gut funktioniere, korrekt geleitet werde und das Vertrauen des Parlaments und der Öffentlichkeit verdiene. Schade nur, dass sie diejenigen Argumente, die zu diesem Urteil geführt haben, nicht auch dargestellt hat. Das wäre um so mehr angezeigt gewesen, als der PUK-Bericht nicht nur für ein Publikum von Fachleuten, sondern eben auch für die allgemeine Öffentlichkeit bestimmt war.

Auch im Kapitel «Politische Polizei» unterliess es die PUK, die Gründe, die zu einem Eintrag in der Hauptregistratur und/oder in einer der Spezialkarteien führten, genauer zu untersuchen. Stattdessen schrieb die PUK pauschal im Ergänzungsbericht, eine von den «Mehrheitsverhältnissen abweichende politische Meinung» habe bereits gereicht, um eine betroffene Person zu registrieren. Die politische Polizei habe sich nicht um die «Ausübung demokratischer Rechte» zu kümmern. Die PUK hätte das

Kriterium der Registrierung nicht nur daran messen dürfen, ob Parteien und Gruppierungen in unserer Demokratie zugelassen sind, sondern auch daran, inwiefern sich deren Mitglieder an demokratische Spielregeln gehalten haben. Jeder demokratische Rechtsstaat steht nämlich vor der Wahl, Parteien mit undemokratischen Zielen oder Mitteln entweder zuzulassen oder aber zu verbieten. Will eine Gesellschaft offen sein, sollte sie meines Erachtens solche Parteien zulassen, will sie offen bleiben, muss sie sich entsprechend schützen können – auch mittels eines effizienten Staatsschutzes.

Doch im Kapitel «Politische Polizei» tauchten auch Widersprüche und Unklarheiten auf. Einleitend merkte die PUK hier an, dass die Bundespolizei einerseits die politische Polizei und andererseits die gerichtliche Polizei umfasse. Der politischen Polizei obliege die Beobachtung und Verhütung von Handlungen, die geeignet seien, die innere oder äussere Sicherheit der Schweiz zu gefährden, während die gerichtliche Polizei gerichtspolizeiliche Ermittlungen anstelle bei der Verfolgung bereits begangener strafbarer Handlungen gegen die innere oder äussere Sicherheit der Schweiz. In der Folge aber verwendete die PUK einmal den Ausdruck «Bundespolizei», einmal den Ausdruck «Politische Polizei» und in einzelnen Unterkapiteln gar beide Ausdrücke.

So wurde beispielsweise im Unterkapitel «Informationsbeschaffung und -auswertung» einerseits festgehalten, dass zuweilen Informationen auch direkt von Beamten der Bundespolizei erhoben würden, und im übernächsten Satz hiess es, die Registratur der politischen Polizei umfasse 900 000 Kontrollkarten (Fichen). Stillschweigend wurde diese Aussage dann im Ergänzungsbericht korrigiert bzw. präzisiert. Dort wurde erklärt, die Hauptregistratur enthalte alle Angaben der gerichtlichen und der politischen Polizei und umfasse Angaben über 900 000 Personen und Ereignisse, wobei je nach Umfang auch mehrere Karten

116

über eine Person existieren könnten. Damit sind auf den Fichen neben den – ohne Zweifel heiklen – rein politischen Angaben auch solche im Zusammenhang mit gerichtspolizeilichen Ermittlungen enthalten; womit sich dann die Zahl der aus rein politischen Gründen Registrierten um einen bisher unbekannten Faktor reduzieren würde.

Ausserdem hielt die PUK im Ergänzungsbericht fest, dass die Hauptregistratur auch der Geschäftskontrolle diene. Was dies konkret bedeutet, wurde nicht näher präzisiert, und man fragt sich, ob da für die Geschäftskontrolle nicht auch all jene Aktivitäten von EJPD-Angehörigen festgehalten sind, die im Rahmen ihres Aufgabengebietes lagen und nichts mit bundespolizeilichen Erkenntnissen zu tun hatten. Damit aber würde sich die Zahl jener, die aus politischen und/oder gerichtspolizeilichen Gründen registriert worden sind, nochmals reduzieren, und der Bundespolizei könnte allenfalls der Vorwurf gemacht werden, hier nicht getrennte Karteien angelegt zu haben. Das aber wäre nicht ein politisches, sondern ein technisches Problem, das gelöst werden müsste.

Schlussbemerkungen

Ohne Zweifel war die weitgefasste Aufgabe, die das Parlament der PUK übertragen hatte, äusserst heikel und schwierig zu lösen. Neben den parallelen Verfahren (strafrechtliche Ermittlungen gegen Frau Kopp und zwei ihrer Mitarbeiterinnen, Administrativuntersuchung über die Indiskretionen im EJPD, Disziplinaruntersuchungen und -massnahmen gegen einzelne Beamte des Departements), hatte die PUK als Organ der Legislative die politischen Verantwortlichkeiten für die Vorkommnisse im EJPD zu untersuchen und musste sich damit von den anderen Verfahren abgrenzen. Gleichzeitig aber wurde, nachdem die PUK eingesetzt worden war, die Administrativuntersuchung sistiert und der Bericht der PUK als weitere Grundlage für ihre Untersuchungen übergeben. Zudem hatte der besondere Vertreter des Bundesanwaltes kurz vor der Einsetzung der PUK seinen Schlussbericht vorgelegt und die Aufhebung der Immunität von Frau Kopp beantragt. Prozessual waren damit die Vorabklärungen, die schliesslich zur eigentlichen strafrechtlichen Voruntersuchung durch den eidgenössischen Untersuchungsrichter führten, abgeschlossen. Auch in diesem Stadium gilt in einem Rechtsstaat die Unschuldsvermutung. Schwer verständlich ist deshalb die Tatsache, dass die Ergebnisse der Vorabklärungen noch an einer Pressekonferenz dargelegt wurden, ohne dass die Betroffenen zuvor informiert worden wären. Dieses Vorgehen aber war geeignet, auch die Unvoreingenommenheit der PUK-Mitglieder zu beeinträchtigen.

Das mag eine Erklärung dafür sein, dass die Darstellungen der PUK über die Ereignisse rund um den Rücktritt von Frau Kopp teilweise einseitig waren. Die Tatsache der parallelen Verfahren, deren Ergebnisse teils auch der PUK zugänglich waren, mag aber auch erklären, weshalb die PUK bei der Beurteilung der Verhaltensweisen von einzelnen Personen und von Ereignissen politisch-ethische, aber eben auch juristische Begriffe verwendet hat, obwohl gerade das nicht zu den Aufgaben der PUK gehört hatte.

Darüber hinaus aber ist schliesslich die grundsätzliche Frage aufzuwerfen, worum es dem Parlament eigentlich gegangen ist, als es der PUK den Auftrag erteilte, die Vorkommnisse rund um den Rücktritt von Bundesrätin Kopp, weitere Fragen im Zusammenhang mit dem EJPD und allenfalls institutionelle Mängel zu untersuchen. Parlament und Öffentlichkeit wollten Klarheit. Stattdessen aber konzentrierte sich die PUK auf Einstimmigkeit unter den 14 Mitgliedern aus sechs Parteien. Das zwang sie dazu, dort, wo unterschiedliche politische Wertungen vorgenommen wurden, Konzessionen an die anderen Mitglieder zu machen, Aussagen zu relativieren oder Ergänzungen vorzunehmen, die im Gesamtzusammenhang zu Widersprüchlichkeiten und im Endergebnis zu Unklarheiten führten.

Wenn im Straf- und Disziplinarrecht auch Rechtfertigungsgründe zur Beurteilung eines Sachverhaltes geprüft werden müssen, um ein dem Recht genügendes «gerechtes» Urteil aussprechen zu können, so gilt dies nicht weniger in der Politik. Auch hier sollten Meinung und Gegenmeinung zum Zug kommen, wenn sie den hohen Ansprüchen einer fairen und demokratischen Auseinandersetzung genügen will. Es wäre deshalb wohl besser gewesen, wenn die PUK in ihrem Bericht nur allfällige institutionelle Mängel aufgelistet und darauf verzichtet hätte, Einzelereignisse sozusagen anekdotisch darzustellen und damit der öffentlichen «Verurteilung» preiszugeben. So aber sind neue Wege beschritten worden, die rechtsstaatlich nicht unbedenklich sind.

EIN STURMWIND ÜBER DER SCHWEIZ

Michel A. Halpérin

In einigen Jahren werden es viele sein, die mit uns völlig perplex auf die institutionelle Krise in der Schweiz von 1988/89 zurückblicken.

Tatsachen werden uns erstaunen, denen wir damals zuwenig Aufmerksamkeit schenkten, ebenso wie die Panik, in die ein sonst für seine Ruhe bekanntes und auf gesunden Menschenverstand und Umsicht in politischen Dingen abstellendes Volk geriet. Wir werden dannzumal vielleicht wissen, ob diese Ereignisse die Folge einer wirklichen nationalen Identitätskrise, einer grossangelegten, auf die Eroberung gewisser Märkte angelegten Manipulation oder einer plötzlich aufgetretenen Vergiftung waren.

Eines ist jetzt schon sicher: Für die angeblich systematisch strafbaren Praktiken zahlreicher Finanzinstitute ist kein schlüssiger Beweis vorgelegt worden, auch nicht dafür, dass die ganze Politikerklasse oder ein Teil davon Komplizendienste geleistet haben soll.

Leicht, allzuleicht haben wir uns davon überzeugen lassen – obwohl dies keineswegs feststand –, diese oder jene seien schuldig. Und merkwürdig war es, wie sehr es uns an kritischem Sinn fehlte und wie wenig wir die rechtlichen Grundprinzipien hochhielten. Wir hätten sonst ernsthafter danach gefragt, welches die Komponenten der Krise, wie wahrscheinlich die beschriebenen Tatbestände und wie tatsächlich die Verantwortung der Betroffenen sind.

I. Einige damals nicht gestellte, noch heute einer Antwort würdige Fragen

– Wie hat sich ein zwar rechtschaffener, doch allzusehr auf seine persönlichen Eindrücke abstellender Beamter der Bundesanwaltschaft ohne genügende Beweise oder Indizien von der Schuld bisher als ehrenwert geltender Personen überzeugen lassen?

– Wie hat er es sich erlauben können, die Verhaftung der von ihm bezeichneten Verdächtigen zu fordern, ohne einen Beweis vorzulegen?

– Als seine Vorgesetzten nicht mithielten: Wie konnte er da, statt zuzugeben, dass sein Beweismaterial ungenügend war, zur Überzeugung kommen, die Verdächtigen würden von bestimmter Seite her gedeckt?

– Wie haben durch das Amtsgeheimnis geschützte Informationen plötzlich aus den Karteien der Polizei oder der Gerichtsbehörden in diejenigen der Gazetten gelangen können?

– Warum wurden gegen diese Geheimnisverletzungen keine Straf- oder Disziplinaruntersuchungen eingeleitet?

– War es wirklich nötig, vier verschiedene Untersuchungen mehr oder weniger gleichzeitig gegen Frau Kopp zu führen (durch die Herren Häfliger und Hungerbühler, durch die PUK und den eidgenössischen Untersuchungsrichter)?

– Warum hat die PUK Frau Kopp die elementaren prozessrechtlichen Garantien vorenthalten? Warum durfte insbesondere Frau Kopp die Zeugen nicht befragen, ja nicht einmal deren Einvernahme beiwohnen?

– Warum hat diese Kommission den andern Angeschuldigten die sie betreffenden Aussagen nicht vorgelegt und sie nicht angehalten, dazu Stellung zu nehmen? Und warum hat sie diese Angeschuldigten in einem zur Veröffentlichung bestimmten Bericht namentlich erwähnt, ohne sie angehört zu haben?

– Stellen diese Methoden nicht eine eindeutige Verletzung der in jedem fairen Prozess einzuhaltenden Grundregeln dar?

– Warum haben sich mit der Untersuchung betraute Amtspersonen gegenüber der Presse geäussert, bevor die Schlussfolgerungen der Untersuchung vorlagen? War es fair, die Leser über einen Gesichtspunkt zu informieren, ohne es gleichzeitig den Anvisierten zu ermöglichen, den ihrigen darzulegen? Oder anders gefragt: War es normal, diese Untersuchungen in aller Öffentlichkeit und über die Presse statt in den Gerichtsräumen durchzuführen?

– Und weshalb haben sich die Medien selbst nicht mehr Zurückhaltung auferlegt? Warum haben sie sich nicht die Frage gestellt, welches die Beweggründe derer waren, die ihnen Informationen zuhielten? Waren die Heftigkeit der Pressekampagne, die Vielzahl der öffentlichen Stellungnahmen und die wiederholten Schuldzuweisungen nicht eine offensichtliche Verletzung des Prinzips der Unschuldsvermutung?

– Darf man da nicht feststellen, dass die Presse in die Rolle eines öffentlichen Anklägers geschlüpft ist, statt ihrem Informationsauftrag nachzukommen? Hat sie nicht Urteile gefällt, noch bevor die Berichte der verschiedenen Untersuchungsinstanzen bekannt waren? Und hat sie damit nicht direkt auf die PUK Druck ausgeübt?

– Und hat sie nicht zum Schaden des Bundesgerichts dasselbe Vorgehen gewählt?

Diese Fragen und die naheliegenden Antworten darauf schliessen nicht aus, dass politisch Fehler gemacht wurden; ebensowenig, dass die gegenüber zweifelhaften oder gar verwerflichen Geschäftspraktiken geäusserte Kritik manchmal gerechtfertigt war.

Sie machen aber auch deutlich, dass es dem Land an Kaltblütigkeit fehlte und dass es die für Recht und Demokratie geltenden Grundsätze, auf die es seit 700 Jahren stolz ist, missachtete. Allzuoft beklagt man die übertriebene

Starrheit des Juristentums und glaubt irrtümlich, darin eine abstrakte, von durch und durch anmassenden Hütern ausgeübte, weltfremde Kunst sehen zu müssen.

Wenn es so weit gekommen ist, dass nicht diejenigen, die Macht ausüben, sondern die Institutionen, aus denen sie ihre Macht ableiten, Zielscheibe von Misstrauen und Verdächtigungen werden, dann ist es bestimmt nützlich, einige grundlegende Begriffe in Erinnerung zu rufen.

Das Recht ist das Werkzeug, mit dem die menschliche Gesellschaft den Kampf gegen das Übel führt. Wenn seine Anwendung das Übel rechtfertigt, dann ist das Recht in seinem Innersten zerstört. Deshalb ist auch der Freispruch eines Schuldigen der Verurteilung eines Unschuldigen vorzuziehen.

Im Formalismus drückt sich diese Sorge aus, ebenso wie in der Selbstbescheidung, mit der die zu Richtern Berufenen ihren Auftrag erfüllen sollten. Gewiss, sie müssen ihm im Geiste der Gerechtigkeit nachkommen und sich dabei mit allen Kräften gegen die Versuchung eines Vorurteils wehren.

Wenn diese Erfordernisse in Vergessenheit geraten und Leidenschaft über Analyse, sture Überzeugtheit über intelligente Gewissheit die Oberhand erlangen, dann wird die Unterscheidung von wahr und falsch, von gerecht und ungerecht unmöglich.

Eines hat die von der Schweiz durchgemachte Krise klargestellt: dass unser politisches Bewusstsein leicht verwirrt werden kann; wie locker unsere Bindung an den Rechtsstaat ist und wie rasch wir bereit sind, auf zuvor geheiligte Prinzipien zu verzichten und uns in blosser Betriebsamkeit zu verlieren.

Das eine Mal manipuliert, dann wieder als Manipulatoren haben die Medien – in Erfüllung ihres Auftrages, aber unter Überschreitung der Kompetenzen – eine ganz entscheidende Rolle in der Bildung unserer Meinung gespielt.

Es ging dies sehr weit, und so darf man denn folgern, das Schicksal des Landes hätte sich spürbar anders gestaltet, wenn diejenigen, die aus Berufung und berufsmässig informieren, die Regeln des Rechts peinlich genau beachtet hätten. In ihrer ganzen Tragweite stellt sich hier nichts weniger als die Frage nach dem Verhältnis zwischen Informationsfreiheit und Persönlichkeitsschutz.

II. Einige Überlegungen über den Stellenwert der Informationsfreiheit – Zielsetzungen der Demokratie

Gemäss den herkömmlichen Definitionen ist die Demokratie die Staatsform, in welcher die Souveränität vom Volke ausgeht. Heutzutage kann man diese Umschreibung unter Anführung der Zielsetzungen ergänzen: Entfaltung der nationalen Gemeinschaft bei gleichzeitiger Respektierung ihrer Glieder. Unter diesem Gesichtspunkt unterscheidet sich die Demokratie fortan weniger von Monarchie, Oligarchie und Tyrannis, denen sie in der klassischen Staatslehre gegenübergestellt wurde, als vom Totalitarismus, der den Individuen keine Rechte zuerkennt und alle Rechte dem Staate vorbehält.
Wir gehen von diesem Begriff der Demokratie aus – einer Regierungsform, die gleichzeitig auf die Entfaltung der Personen ausgerichtet ist – und fragen nach den beiden Grundkomponenten, der Informationsfreiheit und dem Persönlichkeitsschutz.

Die Informationsfreiheit
Grundsätze

In einem vernünftig zusammengestellten Katalog der Grundrechte müsste die Informationsfreiheit fast an der Spitze stehen, unmittelbar nach dem Recht auf Leben und körperliche Integrität und gleichwertig neben dem Wahlrecht.

Die Ausübung der politischen Rechte setzt voraus, dass ihre Träger dazu befähigt sind. So beginnt die Demokratie notwendigerweise mit dem obligatorischen öffentlichen Unterricht. Die Ausbildung vermittelt dem Bürger die Mittel und den Ehrgeiz, fortan regelmässig informiert zu werden. In seinen Augen verdient nur diejenige Staatsform den Namen Demokratie, in der die Information in ihrer Vielfalt jedermann zugänglich ist.

Welches auch immer die äussere Form war und ist – von der Agora zum Fernsehen, mit dem Gemeindeausrufer, dem Plakat und den Gazetten dazwischen –, der Inhalt dieser Information ist zunächst politischer Art. Gewiss, es geht nicht nur darum, den Bürger vollständig über all das zu informieren, was der Abstimmung unterliegt, sondern auch darüber, was Tag für Tag auf lokaler, nationaler oder internationaler Ebene den Gang der Geschäfte oder die Gemüter beeinflussen mag.

Die Mehrzahl der westlichen Länder haben diesem Erfordernis eine zweifache juristische Form gegeben, indem sie den Grundsatz der Öffentlichkeit der Verhandlungen in den Behörden (Parlamente, Gerichte, seltener Regierungen) und denjenigen der Pressefreiheit aufstellten.

Gleich von Anfang an werden dem ersten dieser Grundsätze aus verschiedenen Gründen Beschränkungen auferlegt.

Beschränkungen

Über die Verhandlungen in den Parlamenten und Gerichten berichtet die Presse ausführlich; ob aber die elektronischen Medien direkt anwesend sein sollen, ist umstritten. Die Parlamentarier scheinen Angst vor dem Eindruck zu haben, den die Übertragung ihrer Auftritte bei den Wählern machen könnte. Was die Gerichte betrifft, so geht es – bei häufigen Ausnahmen in den Vereinigten Staaten – eher darum, die Parteien und Zeugen vor unnötiger Indiskretion zu schützen. Hinter verschlossenen Türen finden die Verhandlungen der richterlichen oder gesetzgeberischen Behörde auch dann statt, wenn es um Gegenstände geht, die unmittelbar die Privatsphäre betreffen (Scheidungen, Vormundschaften, Einbürgerungen).

Fast auf der ganzen Welt gilt der Grundsatz, dass die Beratungen der Regierungen geheim sind und gewisse ihnen zugänglich gemachte Informationen (vor allem aus dem militärischen und dem diplomatischen Bereich) «im übergeordneten Interesse des Staates» geheimgehalten werden.

Gerade diese vertraulichen Debatten wecken selbstverständlich am stärksten die Begehrlichkeit der Medien und des Publikums sowie den Drang, nachzuforschen. Aus der Antike wie der neuesten Zeit ist eine Vielzahl von Fällen bekannt, in denen der Schleier gelüftet wurde. Mit bald negativen, bald positiven Folgen.

Aussergewöhnliche Umstände vorbehalten, ist das Recht auf eine vollständige Information über das politische Leben in den demokratischen Gesellschaften tief verankert. So ist es um so besser ausgestaltet, je häufiger die Bevölkerung zu Entscheidungen herangezogen wird. In dieser Hinsicht liefert die Schweiz ein höchst bemerkenswertes Beispiel. Hier ist das Volk, das mehrmals im Jahr aufgerufen wird, sich zu sehr – manchmal allzu – komplexen Themen zu äussern, wohl besser als alle andern darauf vorbereitet, ständig über die Fragen der Gemeinschaft nachzudenken.

In diesem Zusammenhang erscheint die Pressefreiheit als eine der Grundlagen der Demokratie, und es ist nur natürlich, dass sie in Art. 55 BV gewährleistet wird, wie dies auch Art. 10 EMRK tut.

So ist sie die Krönung der Informationsfreiheit, wird ihr aber nur gerecht, wenn sie im Pluralismus ausgeübt wird. Daraus folgt, dass die meisten Zeitungen Privatbesitz sein sollten – was sie auch sind – und dass sie als solche den

Marktgesetzen unterliegen, d. h. der Nachfrage von Kunden, Lesern und Inserenten. (Was die elektronischen Medien betrifft, vor allem das Fernsehen, so bewirken technische und finanzielle Zwänge eine weitgehende Abhängigkeit vom Staate. Diesem obliegt es deshalb, alles zu vermeiden, was ihn zur Überwachung der Information verleiten könnte.)

Die Ansprüche des Lesers (beziehungsweise des Hörers oder Zuschauers) gehen weit über eine blosse Entgegennahme von Informationen politischer Art hinaus, und so sind die Medien bemüht – es ist dies ihr wichtigstes Bestreben –, ihn nicht nur zu informieren, sondern auch zu interessieren, ihm zu gefallen, ihn zu unterhalten, mit anderen Worten, sozusagen seine Anhänglichkeit zu gewinnen.

Und hier ist der Ort, wo sich die Risiken häufen.

Übergriffe auf das Privatleben

Niemand wird sich darüber beklagen, wenn er davon unterrichtet wird, was sich in der näheren oder weiteren Umgebung in den Bereichen Wissenschaft und Kunst sowie auf dem Unterhaltungssektor abspielt.

Doch was ist dazu zu sagen, wenn über die – ehelichen oder ausserehelichen – Liebesbeziehungen eines Politikers oder Künstlers berichtet wird? Über die gesundheitlichen Schwächen einer andern Persönlichkeit? Über die Seitensprünge eines Ministersprösslings, die möglichen Kunstfehler eines Arztes oder Advokaten in der Region? Über den Verkehrsunfall, dessen Opfer oder Verursacher ein Notar oder ein Versicherungsagent ist? Über die Existenz des unehelichen Kindes eines Richters, die Spielleidenschaft eines Industriellen?

Es kann vorkommen, dass die eine oder die andere derartige Information von öffentlichem Interesse ist; gewöhnlich aber will man mit solchen Veröffentlichungen den

Voyeurismus befriedigen. Gewisse fraglos missbräuchliche Praktiken beweisen es eindeutig, obwohl auch sie sich auf die Meinungsfreiheit berufen. So verleumdet eine Wochenzeitung in Kalifornien wissentlich Persönlichkeiten aus Politik und Kultur und sichert sich damit eine Riesenauflage; in ihrem Budget hat sie ganz einfach eine Million Dollar pro Woche an Schadenersatzzahlungen eingesetzt... Eine gleichartige Zeitschrift in England veröffentlicht ihre Informationen erst, wenn sie sicher sein kann, dass ihre Opfer weder psychologisch noch materiell noch juristisch in der Lage sind, Klage einzureichen. Und ein italienisches Fernsehprogramm hat kürzlich (vorläufig?) auf eine Sendung mit dem Titel «Zeigen Sie Ihre Nachbarn an!» verzichtet.

Sind das Praktiken, die unseren Sitten, unserem helvetischen Sinn für Schicklichkeit fremd sind?

Als 1984 Frau Kopp bekanntgab, dass sie für den Bundesrat kandidiere, da wurde eine erstaunliche Kampagne eingeleitet. Gegen die Kandidatin? Rund um ihre politischen Ansichten oder die Art und Weise, wie sie bisher in öffentlichen Ämtern tätig gewesen war?

Nein. Gegen ihren Gatten. Und zwar mit einer Anhäufung schwer kontrollierbarer Gerüchte, die ihn als verworfen und pervers erscheinen liessen.

Wer diese besondere Rubrik belieferte, gehörte zwar oft zu den politischen Gegnern der Kandidatin, doch fanden die Gerüchte nicht nur bei Spezialisten schlüpfrigen Klatsches ein Echo. Als seriös geltende Zeitungen räumten ihnen viel Platz ein und erklärten kategorisch, Frau Kopp dürfe nicht gewählt werden.

Diese «Schlammschlacht», wie sie Elisabeth Kopp selbst bezeichnete, wurde mit ihrer Wahl bloss vorübergehend unterbrochen.

Ende August 1988 wurde sie erneut entfesselt und ging nach ihrem Rücktritt weiter.

Übergriffe auf das öffentliche Leben

Solche Methoden mögen in den Vereinigten Staaten üblich sein – sie betreffen dort die Moral eines Kandidaten und weniger diejenige, die (angeblich) in dessen Umfeld herrscht –; in der Schweiz jedoch sind sie die Ausnahme. Die Privatsphäre, auch diejenige der Politiker, wird hier gewöhnlich respektiert.

Die Art und Weise, wie die Medien Frau Kopp behandelten, zeichnete sich zunächst durch Brutalität und Respektlosigkeit aus. Die zweite Eigenheit der gegen die Bundesrätin entfesselten Kampagne war ihr Umfang.

Die in der Kampagne behaupteten Tatbestände, die zum bekannten Skandal geführt haben, betrafen zweifellos die Führung der Regierungsgeschäfte: Amtsgeheimnisverletzung durch einen Minister oder durch Chefbeamte, Führungsmängel in grossen Verwaltungszweigen, Lücken bei der Verfolgung des Drogenhandels. Die Öffentlichkeit war an solchen Tatbeständen verständlicherweise interessiert. Doch die Masslosigkeit gewisser Reaktionen, die fast an Massenhysterie grenzte, war nicht völlig spontan. Sie war vielmehr die Spiegelung und manchmal das Resultat des häufigen, intensiven Eingreifens der Medien.

Um Frau Kopp härter zu treffen und ihren Rücktritt mit Bestimmtheit zu erreichen; um die Mitglieder der PUK zu beeinflussen und um die Voraussetzungen für eine Verurteilung durch das Bundesgericht zu schaffen, hat die Presse keine Mühe gescheut.

Die Recherchen bewegten sich in eine Richtung, die nichts mit den aufgeworfenen Problemen zu tun hatte: Privatleben von Herrn Kopp (schon wieder), Hinweise auf die Auflösung eines Unternehmens, dessen Verwaltungsrat er gewesen war – und in was für einem Ton! –, Verdächtigungen hinsichtlich der Korrektheit seiner Steuererklärungen.

Die Bundesrätin hatte zu einem Gesetzesentwurf die Meinung ihres Gatten eingeholt, der, Advokat, Spezialist der entsprechenden Frage ist und kurz zuvor eine wichtige Expertenkommission des Bundesrates präsidiert hatte. Die Medien greifen diesen dürftigen Tatbestand auf. Sie sehen darin den Beweis dafür, dass Frau Kopp eine «unter Beeinflussung stehende» Frau und okkulten Kräften unterworfen sei...

Tatsachen werden in entstellende Zusammenhänge gedrängt, auf packende Art verkürzt, in trügerische Perspektive gerückt, und schliesslich fühlen sich gewisse Kreise zur Behauptung ermächtigt, im Departement, dem die Bundesrätin vorsteht, habe sich die Mafia eingenistet. Andere behaupten, Wirtschaft und Politik seien von finsteren Mächten unterwandert: Wenn man ihnen Glauben geschenkt hätte, so wäre die Schweiz das Opfer sittenloser und begehrlicher Banden geworden, welche die Geschicke des Landes in ihren Händen halten.

Dieses Treiben und diese Übergriffe haben sich über Monate hinweg erstreckt, weit über den Zeitpunkt des Rücktritts der Bundesrätin hinaus.

Und als der PUK-Bericht vorlag und vor allem der Freispruch des Bundesgerichts erfolgte, da haben zahlreiche Schreiberlinge ihrer Entrüstung über das angebliche Gefälligkeitsurteil Ausdruck gegeben.

In dieser Angelegenheit hat sich die Presse, die früher informierte und kommentierte, immer mehr zum Zensor, ja zur höchsten Verkörperung der Volkssouveränität aufgeworfen, bald als Warnerin, bald als selbsternannte Vertreterin des Volkes.

Es geht also nicht um die Frage, ob sie sich zu Recht für solche Themen interessierte. Es geht vielmehr um die Feststellung, dass Urteile ohne Berufungsmöglichkeit von Personen gefällt wurden, die dazu nicht kompetent waren, und dies unter Missachtung jeglicher Verfahrensrechte der Betroffenen. Das geschah in aller Öffentlichkeit durch die Stimme der Öffentlichkeit. Dabei formierten und informierten, ja desinformierten die Medien in einer Art, dass sich niemand mehr in aller Ruhe seine Meinung bilden konnte.

Das nennt man einen Skandal. Doch für diejenigen, die davon betroffen sind, ob sie nun dazu Anlass gegeben haben oder nicht, geht es um Eingriffe – und zwar höchst bedenkliche – in ihre Persönlichkeitsrechte.

Damit ist das Problem ihres Schutzes aufgeworfen.

III. Der Persönlichkeitsschutz
Allgemeines

Im politischen Denken und im Recht der Gegenwart lässt man der Persönlichkeit besonders grossen Schutz angedeihen. Umschrieben in Art. 8 der Europäischen Menschenrechtskonvention (EMRK), wird der Persönlichkeitsschutz in der Schweiz als ungeschriebenes Freiheitsrecht betrachtet. Bestimmungen des Zivil- und des Strafgesetzbuches sichern seine Verwirklichung.

Gemäss der Lehre in der Schweiz umfasst der Schutz natürlicher Personen sowohl das Recht auf Leben und körperliche Integrität, wie auch beispielsweise die Bewegungsfreiheit, und schliesslich gewisse posthume Rechte (Bestimmung über den toten Körper). Und man kann feststellen, dass einige der in allen modernen demokratischen Verfassungen proklamierten Rechte (Glaubens-, Vereins-, Meinungsäusserungs-, Handels- und Gewerbefreiheit) eigentlich nur Ausdruck des besonderen Schutzes sind, welchen man bestimmten Aspekten der Persönlichkeitsrechte angedeihen lässt.

Persönlichkeitsschutz im Verhältnis
zur Nachrichtenverbreitung

Zu den im schweizerischen Recht geschützten Bereichen gehört die soziale Dimension der Personen mit den beiden wichtigsten Elementen: Schutz der Privatsphäre und Schutz von Würde und Ehre.

Oben haben wir einige Beispiele dafür erläutert, wie die Praxis der Medien diese soziale Dimension beeinträchtigt, entweder durch die behandelten Themen oder durch die Art der Darstellung.

Es ist unnötig und unmöglich, eine erschöpfende Liste solcher Eingriffe aufzustellen. Wir beschränken uns auf die Feststellung, dass jeder Eingriff im Prinzip unzulässig ist, ausser wenn der Täter Rechtfertigungsgründe geltend machen kann. Als solche werden das Einverständnis des Opfers, Notwehr oder ein – privates oder öffentliches – überwiegendes Interesse anerkannt.

Hinsichtlich der Medien im besonderen hat die Rechtsprechung festgehalten, die Verbreitung einer Falschinformation sei unzulässig.

Doch auch die Darstellung wahrer Tatsachen ist nicht immer zulässig. Denn dazu ist immer auch erforderlich, dass – wegen der betroffenen Person oder wegen Art, Zielsetzung und Adressaten der Information – das öffentliche Interesse dasjenige der betroffenen Person, die vor der Verbreitung geschützt werden will, überwiegt.

Was die Eingriffe betrifft, die nicht durch die Darlegung von Fakten, sondern durch ein Werturteil erfolgen, so sind sie zulässig oder unzulässig, je nachdem, ob die Tatsachen, auf welche sich dieses Urteil stützt, der Wahrheit entsprechen, und je nach seiner Form, die sich als unnötig verletzend erweisen kann.

In der Praxis führt diese Auffassung dazu, dass der durch eine Veröffentlichung Betroffene an den Richter gelangen kann. Zwei Wege stehen ihm offen. Einerseits die Strafklage wegen Verleumdung oder übler Nachrede, die zur Ausfällung einer Strafe führen kann. Oder eine Zivilklage, deren Möglichkeiten der Gesetzgeber 1983 mit entsprechenden neuen Bestimmungen im Zivilgesetzbuch vergrössert hat.

So erlauben es jetzt die Art. 28 bis 30 ZGB jedermann, den unbefugten Charakter eines Eingriffs zwecks Beseitigung oder Schadenersatz richterlich bestätigen zu lassen. Eine der wichtigsten Neuerungen von 1983 sind die einstweiligen Verfügungen, mit welchen in einem besonders raschen Verfahren das Bestehen eines unmittelbar bevorstehenden Eingriffs festgestellt werden kann. Gegen die ursprüngliche Formulierung des Revisionsentwurfs hatten die Medien eine Breitseite abgefeuert und behauptet, damit würde durch die Hintertüre eine Vorzensur durch die Gerichte eingeführt. Der Gesetzgeber schränkte darauf den Anwendungsbereich dieser Norm bei den periodisch erscheinenden Medien ein. So ist es schwierig, um nicht zu sagen unmöglich, eines dieser Medien an der Verbreitung einer Information zu hindern, wenn der Betroffene zum voraus davon Kenntnis erhalten hat.

Der Gesetzgeber hat mit der Einfügung eines Rechtes auf Berichtigung auch die Stellung der von der Verbreitung einer Information betroffenen Personen verbessert. So können diese jetzt die Veröffentlichung ihrer Antwort fordern. Dieses Recht kommt zwar häufig zur Anwendung, doch unterliegt es in juristischer und praktischer Hinsicht nicht unbeträchtlichen Einschränkungen. So muss sich der Verfasser der Berichtigung darauf beschränken, die Fakten aus seiner Sicht darzulegen, was ihm eine Erwiderung auf eine Meinungsäusserung oder ein Werturteil verbietet. Und die Erfahrung hat gelehrt, dass die Berichtigung selten ebenso fett und gross gedruckt wird wie der Eingriff und auch nicht dieselbe Wirkung hat. Als ob der vorausgegangene Angriff die Glaubwürdigkeit desjenigen zerstört hätte, gegen den er gerichtet war.

Grenzen des Gesetzes

So erreichen die rasch wirksamen Rechtsmittel, die zur Vorbeugung und Wiedergutmachung der durch die Medien verursachten Eingriffe geschaffen worden sind, ihr Ziel nur sehr unvollkommen.

Was das herkömmliche Recht auf nachträgliche Wiedergutmachung (Feststellung der Unzulässigkeit durch den Richter; Schadenersatz) betrifft, so haften ihm die Nachteile einer jeden normalen Prozedur an: Kosten und Dauer. Mit der Besonderheit, dass der Schadenersatz meistens in einem Missverhältnis zu den durch die Prozessführung verursachten Kosten steht und die Wiedergutmachung so lange nach dem Eingriff kommt, dass sie bloss noch einmal ins Gedächtnis zurückruft, was mit der Zeit mehr oder weniger in Vergessenheit geraten war.

Derselben Kritik unterliegt der strafrechtliche Weg. In einem solchen Prozess kommt es meistens dazu, dass der Journalist den Wahrheits- und Glaubwürdigkeitsbeweis antreten will. Selbst wenn dies nicht festgehalten wird, gibt es dem Angeklagten doch die Möglichkeit, sich während der Einvernahme in den Ankläger zu verwandeln, mit all den Folgen, die dies für sein Opfer mit sich bringt. Schon Beaumarchais hat es beschrieben: «Verleumden Sie nur, verleumden Sie, es bleibt immer etwas hängen...» Überdies zwingt die Dauer eines Prozesses den Kläger zu einem grossen, langen Kraftaufwand, und dabei wird das Urteil zuletzt in der Öffentlichkeit doch nur gleichgültig aufgenommen. Und dies immer unter der Voraussetzung, dass die absolute Verjährungsfrist von vier Jahren unterdessen nicht überschritten wurde.

Abhilfe

Abhilfe für diese Zustände gibt es. Es geht vor allem darum, dass die Kantone über ihr Prozessrecht den Rhythmus der Gerichte beschleunigen. Im Bereich der Ehrverletzungen ist dies möglich, ohne die Rechte der Verteidigung zu schmälern. Gleiche Fälle werden in

Frankreich bei gleichen rechtlichen Garantien in einigen Monaten erledigt.

Angebracht wäre es auch, dass die Gerichte zivil- wie strafrechtlich strenger als bisher üblich die unannehmbarsten Verhaltensweisen ahnden. Wenn es im Blick auf die Informationsfreiheit unerwünscht ist, vorsorgliche Massnahmen zu erleichtern, so sollten die Medien dafür die Verantwortung für die Folgen ihrer in Anspruch genommenen Freiheit übernehmen.

Die Anrufung des Richters stösst nicht immer auf Verständnis. So wird vor allem in politischen Fällen der Prozess als Konflikt der Gewalten empfunden. Die Presse versäumt es jeweils nicht, dieses Register zu ziehen, und fast jedes Verfahren gegen einen der ihren führt dazu – das Misstrauen gegen die Behörden erweist sich dabei als hilfreich –, dass geklagt wird, die in Staat und Gesellschaft Mächtigen hätten sich zusammengetan, um der Presse einen Maulkorb umzubinden.

Da wird allzu einfach argumentiert. Und anfechtbar. Die Presse, die sich selbst als Vierte Gewalt bezeichnet, unterliegt keiner Kontrolle. Das unterscheidet sie von den drei Gewalten, die aufgrund des Prinzips der Gewaltentrennung von verschiedener Seite her wirksam streng kontrolliert werden. Nichts von alledem bei den Medien, gegen deren Macht der Bürger nur eine Waffe besitzt: die Anrufung des Richters. So dass es für das Opfer einer Quälerei in der Presse keine Alternative gibt.

Gewiss, Zeitungsverleger wie Journalisten berufen sich auf ihr Berufsethos. Ein entsprechender, formulierter Kodex macht es ihnen zur Pflicht, das Publikum exakt zu informieren, und dies aufgrund einer strengen Wahrheitssuche. Doch die Proklamation dieses Prinzips ist ungenügend. Und man wartet darauf, vorläufig allerdings ohne grosse Hoffnungen, dass die dafür eingesetzten Gremien (Presserat, Beschwerdekommission SZV) fehlerhaftes Benehmen rasch ahnden und dies auch wissen lassen.

Gewiss wird es einmal soweit kommen. Und zwar dann, wenn es sich die Leserschaft, die sich immer informieren wird, zur Gewohnheit gemacht hat, die ihr vorgelegten Informationen nach Herkunft und Wahrscheinlichkeit zu beurteilen. Eigentlich brauchte es beim Leser bloss etwas mehr kritischen Sinn und Zurückhaltung, und der Informant fühlte sich zu grösserer Strenge sich gegenüber angehalten.

Wenn sich die Medien wirksam verpflichten, Fakten und Kommentar auseinanderzuhalten (wie dies in den Vereinigten Staaten geschieht), und wenn sie von sich aus und sofort die begangenen Irrtümer korrigieren, dann wird ihre Glaubwürdigkeit beträchtlich verstärkt sein.

Bis dahin wäre es Aufgabe der Gerichte, die Öffentlichkeit über die Verhaltensweisen der Medien zu orientieren, genau wie die letzteren die selbe Öffentlichkeit über die Tätigkeit (oder Untätigkeit) der Gerichte informieren.

IV. Persönlichkeitsschutz und Datenbanken

Noch muss nach diesen Betrachtungen über Transparenz und Undurchsichtigkeit in einer demokratischen Gesellschaft eine Weile bei einem andern konfliktträchtigen Aspekt der Beziehungen zwischen Informationsfreiheit und Persönlichkeitsschutz innegehalten werden. Im Arbeitsablauf gehen der Publikation der Auskünfte die Recherchen voraus. Das nennen die Verwaltungen Zusammentragen von Informationen; die Medien nehmen dasselbe unter der Bezeichnung «Recherchierjournalismus» für sich in Anspruch.

Es ist offensichtlich, dass die blosse Tatsache, über eine Einzelperson Informationen zu suchen oder zusammenzutragen, einen Eingriff in deren Rechte darstellen kann.

Die Auffassung ist allgemein verbreitet, dass in einer organisierten Gesellschaft eine bestimmte Anzahl von Angaben zusammengetragen und archiviert werden darf, weil dies im Interesse der Verwaltung oder der Statistik liegt oder um der Bevölkerung (bzw. einem Teil davon) nützliche Auskünfte zugänglich zu machen. In diesem Sinne gibt es das Zivilstandsregister, das Grundbuch, wo der Immobilienbesitz erkennbar gemacht und abgegrenzt ist, das Handelsregister, ferner Angaben, welche die staatliche Tätigkeit im Bereich der Sozialfürsorge ermöglichen, usw...

Manchmal trägt der Staat auch Informationen zusammen, die er weniger gern zugänglich macht: solche, die sich auf Einkommen oder Vermögen beziehen, und vor allem solche, die es ihm erlauben, die ihm übertragene Aufgabe der Wahrung von Ruhe und Ordnung zu erfüllen. Es sind dies die «Polizeifichen», ein unvermeidliches Arbeitsinstrument, ohne welches Verhütung und Ahndung von Rechtsverletzungen ganz einfach unmöglich wären.

Wieder andere Angaben werden von Privatunternehmen gesammelt. So interessieren sich die Versicherungsgesellschaften für das, was mit der Gesundheit und dem Denkmalschutz zusammenhängt; die Banken ihrerseits können fast alle Transaktionen unter Handelspartnern oder Privaten von einem bevorzugten Platz aus beobachten. Es gibt Vereine, die führen einfach die Verzeichnisse ihrer Mitglieder; andere wiederum interessieren sich für die Tätigkeit von Unternehmen oder für den Konsumentenschutz, und noch andere vermitteln politische Auskünfte oder betreiben Wirtschaftsspionage.

Auch die Presse hat ihre Karteien mit Fichen. Ein jedes der Medien hat zweckdienliche Auskünfte archiviert: Photographien, direkte oder indirekte Zeugenaussagen, die zusammengetragen wurden, damit eines Tages rasch ein Artikel oder eine Dokumentation publiziert werden können. Gewisse Angaben wurden von den Beteiligten selbst geliefert. Andere stammen aus öffentlichen Quellen. Wieder andere sind das Resultat von Recherchen der Journalisten. Und davon sind gewisse aus den Polizeifichen zusammengestellt, deren Inhalt von Staatsangestellten unter Verletzung ihres Amtsgeheimnisses zugänglich gemacht wurden. (Im Vorbeigehen sei festgehalten, dass die Presse zwar mit allen Mitteln Informationen auftreiben will, dass die Behörden aber von ihrem Standpunkt aus ebensosehr daran interessiert sind, dies zu verhindern. Indessen ist erstere bei ihrer Suche aktiver als letztere in ihrem Kampf um die Respektierung des Amtsgeheimnisses.)

Die Häufung dieser Angaben in der einen oder andern der öffentlichen oder privaten Karteien, ihre Zusammenführung an einer Zentrale und ihre Computerisierung werfen ein ernsthaftes Problem auf. Gewisse Informationen können sich auf die Privatsphäre oder auf die finanzielle Lage (Empfang von Sozialhilfe, von direkten oder indirekten Subventionen) beziehen; oder auch auf das Vorleben einer Person (die von einem Gericht ausgesprochenen Strafen stehen im Strafregister, doch die Polizeiauskünfte enthalten auch alle möglichen Verdächtigungen, auch haltlose, die von Anzeigen herrühren).

Die Rechtssprechung des Bundesgerichts hat vor einigen Jahren anerkannt, jedermann habe das Recht, in die über ihn geführten Polizeidossiers Einsicht zu nehmen und Korrekturen zu verlangen, falls die durchgesehenen Angaben ungenau sind. Der Zugang erfolgt nicht ungehindert. So kann er selbstverständlich verweigert oder begrenzt werden, wenn es das öffentliche Interesse gebietet, insbesondere zum Schutze Dritter oder zur Aufrechterhaltung der Effizienz des richterlich-polizeilichen Apparates im Kampfe gegen das Verbrechertum. Der Grundsatz aber ist aufgestellt. Und einzelne Kantone haben ihn schon in ihre Gesetze aufgenommen.

Alarmiert durch die gefährlichen Folgen, welche die Entwicklungen im Bereich der Informatik auf die Persönlichkeitsrechte haben können, begannen die eidgenössischen Räte 1983 mit der Beratung eines Gesetzesentwurfs, der bald definitive Form annehmen soll.

Das vom Bundesrat vorgelegte Gesetzesprojekt sah vor, dass jeder Interessierte in jede ihn betreffende – staatliche oder private – Fichenkartei Einblick erhalten und diese gegebenenfalls berichtigen lassen könne (mit den gleichen Einschränkungen, wie sie vom Bundesgericht formuliert worden sind).

Das Privileg der Medien

Merkwürdigerweise hat der Ständerat dieses Projekt in einem entscheidenden Punkt abgeändert. Demnach würden die Karteien der Medien als einzige bis zur Publikation der darin enthaltenen Informationen der Neugier oder dem Berichtigungswillen des Publikums verschlossen bleiben.

Falls der Gesetzesentwurf schliesslich in dieser Form gutgeheissen werden sollte, befänden sich die Bürger in der paradoxen Lage, zu allen auf sie bezüglichen Daten Zugang zu haben, auch zu denjenigen von Polizei und Armee – nur nicht zu denjenigen, welche die Medien zusammengetragen haben. Das erscheint um so unverständlicher, als diese Karteien im Hinblick auf eine Publikation angelegt wurden.

Mit welcher Elle wird man dieses Privileg der Medien, falls es dazu kommt, messen müssen? Wird dieses scheinbar unbedeutende Ereignis etwa das Kräfteverhältnis zwischen der politischen Gewalt und dem, was sie in ihren eigenen Augen legitimiert, nämlich der (hier mit den Medien gleichgesetzten) öffentlichen Meinung, beleuchten? Wenn es nur das wäre, so könnte man schon darin eine gefährliche Verschiebung der Volkssouveränität sehen.

Die Informationsfreiheit ist ein Persönlichkeitsrecht

Allein, dieser Entscheid hätte noch eine andere Auswirkung.

Informationsfreiheit und Persönlichkeitsschutz bekämpfen und ergänzen sich gleichzeitig. Ein steter Ausgleich zwischen ihnen ist unerlässlich. Bestimmt kann man ohne grösseres Risiko bald dem einen, bald dem andern den Vorzug geben.

Wenn man jedoch die Geheimhaltung der zur Information Beauftragten legalisiert, so heisst das, dass man die Informationsfreiheit ebensosehr trifft wie den Persönlichkeitsschutz.

Gewiss, den Medien müssen die Mittel verliehen werden, damit sie ihre Mission erfüllen können, doch haben sie sich den von ihnen aufgestellten Regeln der Transparenz ebenfalls zu unterziehen.

Und man sollte nicht aus dem Auge verlieren, dass sie nicht autonom sind, wenn sie die ihnen zugewiesene Rolle – nämlich zu informieren – spielen. Letztlich ist diese Rolle nur eine der Formen der Persönlichkeitsrechte.

So sind Informationsfreiheit und Pressefreiheit den übergeordneten Prinzipien, aus denen sie ihre Legitimität ableiten, untergeordnet.

Gestützt auf diese Prinzipien und zu deren Verteidigung erfolgt die Arbeit der Journalisten: sie betreiben Nachforschungen, führen Interviews durch, beobachten die Machtzentren und stellen diejenigen in Frage, die dort ein- und ausgehen. Ganz unabhängig.

Aber nicht ohne sich selbst ununterbrochen über den Zweck ihres Tuns zu befragen. Diese Infragestellung hat nichts Juristisches an sich. Sie gleicht vielmehr eigentümlich dem Nachdenken, das bei Regierenden und Richtern wegleitend sein sollte; die besten Berufsleute der Presse praktizieren und lehren es täglich.

Diese Infragestellung erlaubt es ihnen, ihre Macht genau zu prüfen. Sie ist riesig. Denn nichts ist leichter, als einen guten Ruf zu zerstören, und nichts schwieriger, als ihn wiederherzustellen. Sodann werden sie inne, dass das

Vertrauen des Publikums weniger wegen eines Irrtums als wegen der Weigerung, ihn einzugestehen, schwindet. Schliesslich gelangen sie zur Erkenntnis, dass die demokratischen Prinzipien, aus denen sie ihre Macht ableiten, die Aufrichtung einer Gegengewalt fordern. Und wäre es nur, um zu verhindern, dass die Masslosigkeit, die sie sich bisweilen zuschulden kommen lassen, die Grundlagen der Demokratie untergräbt.

POLITISCHE UND MENSCHLICHE PROBLEME

ZU VIELE LEUTE STEHEN
IM LAGER DER SIEGER

Carlos Grosjean

Bis wenige Tage vor ihrem Rücktritt war Elisabeth Kopp vom Volke geliebt, wie es nur selten Magistraten waren. Die Meinungsumfragen liessen sie, die erste Frau im Bundesrat, mit Abstand an der Spitze erscheinen, unabhängig von den befragten Landesteilen. Ganz allgemein wurden Kompetenz, Aktenkenntnisse, natürliche Autorität, Sinn für Kollegialität hervorgehoben.

Und dann plötzlich stürzt alles in sich zusammen. Am 11. Dezember 1988 gefallen sich gewisse Zeitungen in den härtesten Verunglimpfungen, um jene Person zu vernichten, die gestern noch vergöttert wurde. Die Härte der Ausdrücke übertrifft von nun an den Inhalt der Anklage.

«Der Einsitz der ersten Frau in den Bundesrat muss in Verwirrung und Schmach enden.»

«Hieher bitte, da ist die Tür.»

«Die wichtigsten Tageszeitungen des Landes gestehen Frau Kopp nicht die geringsten mildernden Umstände zu.»

Zeit ist verstrichen, und ein gewisser Abstand erlaubt heute schon eine abgeklärtere Beurteilung der Ereignisse. Die Medien haben die Öffentlichkeit unterrichtet. Sie haben folglich ihre Aufgabe erfüllt. Wenn einige Journalisten sich in den Fall verbissen haben, darf dies nicht erstaunen. Schliesslich lässt sich Gemeinheit gut verkaufen. Was uns aber sehr schwerwiegend erscheint, das ist die übertriebene Dramatisierung dessen, was man seither der Bequemlichkeit, der Einfachheit halber die «Affäre» Kopp nennt. Die parlamentarische Untersuchungskommission (PUK) zögert in ihrem Bericht vom 22. November 1989 nicht, von einer «Vertrauenskrise in unserem Lande» zu sprechen (Seite 221 in der deutschen Fassung). Versuchen wir doch abzuklären, wenn Schande schon da ist, ob die Schweiz wirklich Mittelpunkt des organisierten Verbrechens ist, wie einige kluge Geister nicht müde werden, in alle Welt hinauszuposaunen.

Liest man die Prozesse und die veröffentlichten Arbeiten, verfolgt man die Parlamentsverhandlungen, kann man folgende wichtigste Vorwürfe, die in direktem kausalen Zusammenhang mit der «Affäre» stehen, festhalten:

a) Die strafrechtlichen Beurteilungen, die zum Rücktritt von Elisabeth Kopp geführt haben.
b) Die Bundesanwaltschaft und die «Karteiaffäre».
c) Die Geldwäscherei.

zu a) *Die strafrechtlichen Beurteilungen*

Am 19. Dezember 1988 wird Hans Hungerbühler, ausserordentlicher Staatsanwalt, zum ausserordentlichen Stellvertreter des Bundesanwalts gewählt und eröffnet ein Untersuchungsverfahren gegen die gerichtliche Polizei. Am 10. Januar 1989 liefert er seinen Bericht dem Bundesrat ab. Er verdächtigt Elisabeth Kopp, Katharina Schoop und Renate Schwob der Amtsgeheimnisverletzung. Die Bundesrätin ersucht am 12. Januar 1989 das Parlament um die Aufhebung ihrer Immunität, was am 7. März 1989 beschlossen wird. Beide Kammern wählen Joseph David Piller zum ausserordentlichen Bundesanwalt. Am 23. Februar 1990 um 15.00 Uhr verkündet die Strafkammer des Bundesgerichts ihr Urteil: Elisabeth Kopp wird freigesprochen. Die Gerichtskosten werden ihr zu vier Zehntel auferlegt. Und schon heult die Meute. Die «Anwälte des Volkes» erklären sich entrüstet. In Tat und Wahrheit sind sie frustriert. «Mit diesem Urteil findet ein Prozess sein

Ende, in dessen Verlauf sich die Richter durch Mangel an Aktenkenntnissen gegenseitig übertrafen, ohne auch nur eine entscheidende Frage aufgedeckt zu haben.» «Das Richterkollegium hat schliesslich ein Urteil gefällt, das weder von Professoren der Rechte noch von breiten Bevölkerungskreisen verstanden wurde.»

In diesem Psychodrama, in dem so viele Persönlichkeiten ihre Kaltblütigkeit und den Sinn für das richtige Mass verloren haben, bewahrte eine Instanz Würde und juristisches Gewissen: die Richter des Bundesgerichts.

Und doch, welche Druckversuche von aussen, welcher Ausbruch der Leidenschaften! Die gleichen Juristen, die gleichen Professoren der Rechte, die mit so tiefer Überzeugung die Notwendigkeit eines Schuldspruchs unterstrichen, haben leider vor dem Prozess und während der Untersuchung einen wesentlichen Grundsatz des Strafrechts vergessen: Jeder Angeklagte wird vor seinem Schuldspruch als unschuldig betrachtet.

Vermeiden wir die Versuchung manichäischer Denkweise. Elisabeth Kopp hat diese Prüfung nicht ohne Schaden überstanden. Der Zweifel, der zugunsten des Angeklagten wirkt, gereichte ihr zum Vorteil. Wir brauchen eine nuancierte Betrachtungsweise. Das Telephongespräch zwischen der Bundesrätin und ihrem Gatten steht am Anfang ihres Rücktrittsentscheides. Aber es ist, wie die PUK betont, nicht der entscheidende Grund dazu. Elisabeth Kopp hat sich in Schweigen gehüllt. Sie hat zu lange das Volk, die Bundesversammlung und den Bundesrat im Ungewissen gelassen. Sie hat reichlich durch ihren Abgang gebüsst.

Aber wenn schon Schuld vorhanden ist, so steht sie in keinem Zusammenhang zum Tumult und zur

Wut, welche die Angelegenheit ausgelöst haben. Hat man auch die Not und den psychischen Verschleiss dieser Frau erwogen, gegen welche so viele vergiftete Anschuldigungen gerichtet wurden, auch für Handlungen ihrer Umgebung, die sie nicht persönlich zu verantworten hatte? Und da hat sie sich in Stillschweigen geflüchtet. Wer nie gefehlt hat, der...

zu b) *Die Bundesanwaltschaft und die Affäre der Karteien*

Bis dahin kann man verstehen, dass die Welt der Politik in Flammen aufging. Schliesslich haben unsere Nachbarländer die gleichen politischen Krankheiten durchgemacht. Sie blieben aber massvoller in den Konsequenzen. François Mitterrand hatte seine Affäre des Observatoires, und die Diamanten von Bokassa haften noch heute an den Rockschössen von Valéry Giscard d'Estaing. Der österreichische Präsident Waldheim hat schwere Stürme durchstehen müssen, und die Bundesrepublik Deutschland hat ein volles Mass an Finanzskandalen durchgemacht.

Auf die schiefe Bahn gerät man aber nun mit der Behauptung, das Bestehen dieser Karteien entdeckt zu haben. In Tat und Wahrheit waren sie längst bekannt und durch die früheren Behörden genehmigt. Parlament und Bundesrat hatten Gelegenheit, darüber zu debattieren. Das Bundesgericht hat sich in die Karteien der gerichtlichen Polizei vertieft: Es hat die Einrichtung an sich nicht verurteilt. Gibt es ein demokratisches Land mit Rechts- oder Linksmehrheit, das keine Karteien besitzt? Noch vor kurzem hat Michel Rocard in seiner Stellung als Ministerpräsident das Thema öffentlich aufgegriffen. Die Meinungsverschiedenheiten betrafen nicht das Bestehen der Karteien, sondern die Auskünfte, die sie den staatlichen Organen zu liefern hatten.

Wo Zank ist, finden sich auch Juristen. Es versteht sich, dass man die gesetzlichen Grundlagen der Karteien angezweifelt hat. Artikel 102 der Verfassung weist dem Bundesrat die Aufgabe zu, die äussere Sicherheit der Schweiz zur Bewahrung ihrer Unabhängigkeit und ihrer Neutralität zu überwachen. Er sorgt andererseits für die Sicherheit im Innern, für die Erhaltung von Recht und Ordnung. Gemäss Bundesratsbeschluss vom 29. April 1958 betreffend den Polizeidienst der Bundesanwaltschaft muss die Bundespolizei den Fahndungs- und Informationsdienst der Eidgenossenschaft durch die politische und gerichtliche Polizei sicherstellen. Bei der politischen Polizei geht es, wie die PUK betont, um die Beobachtung und Verhütung von Handlungen, die geeignet sind, die innere und äussere Sicherheit der Schweiz zu gefährden. Die gerichtliche Polizei hingegen ermittelt bei der Verfolgung von strafbaren Handlungen. Und gerade die oben erwähnte Kommission drückt der Bundespolizei die Anerkennung für die geleistete Arbeit aus (S. 165 der deutschen Fassung des Berichtes der PUK vom 23. November 1989): «Die PUK hat festgestellt, dass die Bundespolizei in diesen beiden Bereichen (Spionageabwehr und Terrorismusbekämpfung) des klassischen Staatsschutzes gute Arbeit geleistet hat. Teilweise in enger Zusammenarbeit mit ausländischen Diensten hat sie hier ihre Aktivitäten laufend den veränderten Situationen und Bedürfnissen angepasst. Damit ist gleichzeitig auch gesagt, dass die festgestellten Mängel nicht isoliert betrachtet werden können, sondern am überwiegend korrekten und sachgerechten Verhalten gemessen werden müssen.»

Wie weit ist man da von der erhabenen Empörung all derer entfernt, die sich durch «diese der totalitären Staaten würdigen Machenschaften» schnöde verhöhnt fühlen.

Gewiss, die PUK bemängelt mit Recht eine gewisse Unordnung, ungenaue, überflüssige und überholte Informationen. Sie weist auf gewisse Mängel hin. Ähnlich lauteten schon die Bemerkungen des Bundesgerichtes im Jahre 1987, als es das Recht der gerichtlichen Polizei untersuchte, persönliche Auskünfte aufzubewahren. Es hat am 12. Januar 1990 seine Rechtsprechung bestätigt und genauer umschrieben, wenn man den Zeitungen Glauben schenken will. Aus den Entscheidungen des Hohen Gerichtes ist die Rechtmässigkeit der Karteien abzuleiten, da ihre Rechtlichkeit nicht angezweifelt wurde. Auf der andern Seite müssen die Kriterien für das Sammeln von Fakten und Informationen viel genauer umschrieben werden. Der Auftrag an die Polizei sollte in regelmässigen Abständen neu definiert werden. Das beabsichtigt übrigens auch die PUK (vgl. die deutsche Fassung ihres Berichtes S. 167).

Notwendigkeit und Rechtmässigkeit der Registraturkartei sind damit erwiesen. Zu untersuchen bleibt der Verantwortlichkeitsbereich, in dem ein Versagen festgestellt wurde. An erster Stelle steht der Bundesanwalt. Dann folgt der Vorsteher des Justiz- und Polizeidepartements, der Gesamtbundesrat. Schliesslich wird die Oberaufsicht des Parlaments durch die Geschäftsprüfungskommission gewährleistet. Wenn Schuld feststeht, so trifft sie in hohem Mass auch Generationen von Parlamentariern und Bundesräten.

Elisabeth Kopp wird am 22. Oktober 1984 gewählt. Sie demissioniert mit sofortiger Wirkung am 12. Januar 1989. Sie hat die Unordnung in der Registraturkartei nur in dem Ausmass zu verantworten, als sie vier Jahre Zeit hatte, um für Ordnung zu sorgen. Wie viele andere Persönlichkeiten wurden aus den gleichen Gründen angegriffen? In der «Affäre» findet man eine heikle Mischung von verheimlichten Tatbeständen, von Verantwortlichkeiten, die umgangen wurden, und von Nichtwissen, das sorgfältig abgewogen ist.

zu c) *Die Geldwäscherei*

Mit einer wahrlich kaum unschuldigen Hartnäckigkeit haben gewisse Kreise Elisabeth Kopp ausgesprochene Passivität im Kampf gegen die Geldwäscherei vorgeworfen. Die Verleumdungen gerieten nicht in Vergessenheit, und einige werfen der ehemaligen Bundesrätin noch heute mindestens eine gewisse Nachlässigkeit vor.
Das ist bösartig und falsch.
Die PUK sagt das Gegenteil. Aber wie viele haben ihre Überlegungen zu dieser Frage berücksichtigt? Hier sind sie (S. 84 der deutschen Fassung):
«Gegenüber Bundesrätin Elisabeth Kopp wurde der Vorwurf erhoben, sie habe den Geldwäschereiartikel verschleppt. Die PUK ist diesem Vorwurf nachgegangen, hat verschiedene Einvernahmen durchgeführt und Abklärungen getroffen. Daraus haben sich keinerlei Hinweise ergeben, die diesen Vorwurf rechtfertigen. Es weisen im Gegenteil verschiedene Befragte darauf hin, Bundesrätin Elisabeth Kopp habe auf eine beschleunigte Behandlung des Geldwäschereiartikels Wert gelegt. (...)
Der Vorwurf an Bundesrätin Elisabeth Kopp, sie habe die Arbeiten zur Schaffung eines Geldwäsche-

reiartikels gebremst, trifft nicht zu. Bundesrätin Elisabeth Kopp hat sich nach den vorliegenden Unterlagen ernsthaft bemüht, trotz politischen Widerstandes die bestehende Gesetzeslücke zu schliessen.»

Die Revision der strafrechtlichen Bestimmungen über die Vermögensdelikte ist seit den 70er Jahren Gegenstand juristischer Untersuchungen. Als die Expertenkommission im März 1983 ihren Vorentwurf vorlegte, hat sie in keinem Augenblick an ein neues Übel gedacht, an dem unsere Gesellschaft krankt: die Geldwäscherei. Erst beim Vernehmlassungsverfahren bringen verschiedene Persönlichkeiten diese Frage zur Sprache. Wir stehen schon im Mai 1986. Im Sommer 1986 beauftragt Elisabeth Kopp den Staatsanwalt Paolo Bernasconi, einen Vorschlag über strafrechtliche Bestimmungen zu erarbeiten. Dieser führt den Auftrag aus. Darauf behandelt der Bundesrat nach erneuter Rücksprache das Traktandum auf Antrag von Frau Kopp. Am 28. November 1988 beauftragt der Bundesrat das eidgenössische Justizdepartement, prioritär bis zum Frühjahr 1989 einen Gesetzentwurf auszuarbeiten, der die Fragen der Geldwäscherei und den Mangel an Sorgfaltspflicht im Geldwesen behandelt.

Heute erklärt Daniel Zuberbühler, stellvertretender Direktor der eidgenössischen Bankenkommission, dass die Schweiz im internationalen Vergleich im Kampf gegen die Geldwäscherei sehr gut dastehe. In einem internationalen Kreis haben 130 Experten aus 15 Ländern Vorschläge ausgearbeitet, und man stellt fest, dass die Schweiz als Beispiel dient. Frankreich, Italien, Grossbritannien und die Vereinigten Staaten kennen ähnliche Formen der Verfolgung. Dies ist zur Zeit weder in der Bundesrepublik

Deutschland, in Schweden, Belgien und den Niederlanden noch in Spanien und Japan der Fall.
Bei diesem bedeutsamen Schrittmacherdienst hat Elisabeth Kopp das Recht, auf ihren Beitrag zu pochen.

Abschliessend möchten wir zusammenfassen:

Ehrlichkeit und Anstand gestatten nicht, dass man sich in Schweigen hüllt. Zu zahlreich sind die ungestümen Erregungen, zu stark die Heftigkeit der sprachlichen Entgleisungen, der hasserfüllten Anklagen. Elisabeth Kopp ist nicht ohne Tadel. Wir haben es gesagt. Aber sie verdient es nicht, so abschätzig behandelt zu werden.
Warum diese Wut? Weil sie Frau ist, weil sie Charme hat, weil die Feinheit ihres Geistes vielen Neidern unerträglich ist? Oder ganz einfach, weil man gern diejenigen straucheln sieht, welche an die Spitze von Macht und Ehren gelangt sind?
Man hat in dieser Angelegenheit das Mass verloren. Der Fehler liegt sicher vor allem bei den Politikern. Denn ihre Aufgabe ist es, die Tatsachen in Erinnerung zu rufen, die Anklagen zu werten, Übertreibungen den Riegel zu schieben. Ihnen stand ein ausgezeichnetes Hilfsmittel zur Verfügung: der Bericht der PUK vom 22.11.1989.
In einer Demokratie vertraut das Volk seinen Vertretern, auch wenn es auf sie stichelt. Wovon werden wir nun aber Zeugen? Von verblüffenden Entschuldigungen, von Plattheiten vor den Mikrophonen und Kameras. Kurz, von zahlreichen Schwächen.
Das Staatsbewusstsein verlangt eine andere Haltung.

DAS BILD VON DER SCHWEIZ
UND VON DEN ANDERN

Richard Merz

Schroffe Gegensätze und unversöhnliche Haltungen prägen in steigendem Masse das innenpolitische Klima in der Schweiz. Es sind konkrete Probleme, an welchen sich der Kampfgeist entzündet. Doch in ausgeprägter Weise geht es dabei nun immer auch um das Bild von der Schweiz überhaupt, um die Frage, was das für ein Land sei, in dem solches passiere und damit um die Frage nach Haltungen, Erwartungen und Ängsten, aus denen die aktuellen Ereignisse entstehen können.

Die Frage nach dem Bild, das sich die Schweizerinnen und Schweizer von ihrem Lande machen, ist seit einigen Jahren besonders aktuell im Zusammenhang mit der Frage, ob und wie das 700 jährige Bestehen der Eidgenossenschaft im Jahre 1991 gefeiert werden solle. Viele Bürgerinnen und Bürger haben gegen weit ausholende Fest-Aktivitäten gestimmt; sie haben mit der Verwerfung von hohen Krediten klare Zeichen gesetzt, dass ihnen ein prangendes Begehen des Jubiläums nicht angebracht erscheint; lange bevor eine Gruppe von Künstlern bekannt gegeben hat, dass sie an keinerlei Festlichkeiten teilzunehmen gewillt sei.

Die Stellungnahme dieser Künstler nun enthält mit aller Deutlichkeit etwas, was sicher andere mit ihrem Nein bei den Abstimmungen auch ausdrücken wollten: Sie sind nicht nur für bescheidenere Feiern, sie sind überhaupt dagegen, dass die Schweiz, so, wie sie heute besteht, gefeiert wird. Denn für diese Menschen ist klar, dass diese Schweiz ihren Sinn und ihr Recht auf Existenz verloren hat, dass also sicher keine Feiern, dass höchstens eine Abdankung stattfinden könnte.

Der endgültige Auslöser für eine solche Haltung war die Fichen-Affäre. In ihr kam eine problematische Seite der «offiziellen» Schweiz ans Licht; eine problematische Seite, die engagierte und entschiedene Auseinandersetzung und Bearbeitung erfordert. So überaus brisant aber und das ganze innenpolitische Klima beeinflussend wird diese Angelegenheit, weil von vielen Menschen die Fichen-Affäre mit der Schweiz gleichgesetzt wird. Die Angelegenheit mit den Fichen ist für sie undiskutabel schändlich. Wenn aber etwas undiskutabel Schändliches in der Schweiz vorkommen kann, dann ist – in ihrer Sicht – damit die ganze Schweiz undiskutabel schändlich und damit unglaubwürdig.

Eine solche Haltung hängt damit zusammen, dass wir im Zusammenleben ganz allgemein mit Fehlern und Versagen nicht umgehen können. Es fehlen sowohl Denkmuster wie praktische Verhaltensweisen dafür. Wenn Schwierigkeiten und Fehler des Partners sichtbar werden, wenn er enttäuschend ist, dann wird die ganze Partnerschaft als unmöglich abgelehnt. Das ist so für viele Menschen in ihren persönlichen Beziehungen, praktisch für alle aber im öffentlichen Leben. Zwar ist theoretisch allen bekannt, dass Fehler und Versagen im menschlichen Leben unvermeidbar sind, dass wir also jederzeit mit ihnen rechnen müssen. Praktisch aber fehlen auch nur schon Vorstellungen für ein Vorgehen und Verhalten im konkreten Falle, geschweige denn durchdachte Strategien.

Unvermeidbar steht damit aber bloss eine furchtbar einfache, allgemein geübte Praxis zur Verfügung: Was nicht stimmt, was fragwürdig, was sogar falsch sein könnte, das alles wird auf der betroffenen Seite vertuscht, und es wird getan, als sei alles in bester Ordnung; auf der andern Seite aber wird begierig danach gesucht, und wenn etwas entdeckt wird, dann wird unbesehen so getan, als sei die Ordnung in ihren Grundfesten erschüttert. Und so besteht die Gefahr, dass immer mehr jeder bei sich selber dauernd vertuschen und ein Bild strahlend unschuldiger Reinheit vortäuschen, beim andern aber dauernd entlarven und von ihm ein Bild schwarzer, schuldhafter Unfähigkeit verbreiten muss.

Und damit wären dann tatsächlich die Bedingungen gegeben, welche aus der Schweiz einen «Schnüffel-Staat» entstehen lassen könnten, wie der im Zusammenhang mit der Fichen-Affäre bereits so triumphierend verwendete Vorwurf lautet. Das Kontrollieren der andern ist an sich eine weit herum betrüblich gerne betriebene Tätigkeit. Und sie wird von nicht wenigen nun ausgesprochen gekonnt und intensiv betrieben. Doch beileibe nicht nur vom Staatsapparat. So sind zum Beispiel ja auch lange schon vor dem die Flut der Ereignisse auslösenden Telefongespräch weit über das öffentliche Wirken hinaus immer wieder Einzelheiten aus dem Leben von Frau Kopp Gegenstand öffentlicher Darstellung und Kontroverse gewesen, und dazu musste gezielt und vorbereitet beobachtet und gesucht werden. Man kann natürlich für das vorsorgliche, aktenreich dokumentierende Beobachten von andern durchaus verschiedene Ausdrücke benützen und je nachdem von Observieren oder von Recherchieren oder von Schnüffeln reden; der unheimliche Vorgang bleibt aber immer der gleiche. Und wer derartig vorsorgliches Beobachten von andern leistet, wird dies für sich selber natürlich immer als im Dienste der guten und gerechten Sache erleben und sich selber niemals als Schnüffler vorkommen. Schnüffeln ist fast naturgemäss etwas, was nur die andern tun. Und in vielen Bereichen sind es immer nur die andern. So ist es zum Beispiel erstaunlich, wie wenig diejenige Seite, welche angesichts der Hitler-Greuel dringend die Frage nach der Mitschuld der schweizerischen Nazi-Mitläufer stellte, nun angesichts der endgültig sichtbar gewordenen Stalin-Greuel die Frage nach einer Mitschuld der Kommunismus-Mitläufer in unserem Land in keiner Weise aufgreift, während Leute, die von einer Mitschuld in Deutschland so gar nichts hören wollten, sich nun gerne auf das Thema einer Mitschuld in Russland stürzen.

So praktisch die Haltung der eigenen Unschulds-Demonstration und der fremden Schuldzuweisung auch für effiziente und profilierte öffentliche Standpunkte ist, so gefährlich ist sie auch. Sie verhindert jegliche Differenzierung in der Beurteilung unklarer oder fragwürdiger Vorgänge. Das Frag-würdige wird meist gar nicht als der Frage würdig erachtet; allzuoft wird überhaupt nicht gefragt, werden gleich die schon vorher fertigen Antworten präsentiert. Damit kann es dann nicht zu dem so grundlegend wichtigen Prozess des *Abwägens* kommen, des Abwägens von Gewicht und Bedeutung eines Geschehens, des Abwägens von Persönlichkeiten und Institutionen in ihrer Ganzheit. Sobald ein problematischer Aspekt sichtbar wird, zählt nur noch dieser, und er wird von Anfang an gerne und dankbar unbesehen als totales Versagen oder gar als Verbrechen qualifiziert und dann so für die eigenen Zwecke benützt. So waren die bedeutenden Leistungen von Frau Kopp in ihrer jahrelangen Amtszeit als Bundesrätin mit einem Schlage bedeutungslos geworden; es zählte nur noch eine einzige Handlung, eine Handlung zudem, die wohl unbedacht und vielleicht unklug, aber erwiesenermassen nicht unstatthaft war. Und der Schaden, der verhütet werden sollte, wurde dem Staat erst durch das zugefügt, was aus und mit dieser Handlung gemacht wurde, und vor allem durch die Art und Weise, wie dies geschah.

Hier, wie sonst auch so oft, fehlten auch nur die Ansätze zur Bereitschaft, Erscheinungen und Vorkommnisse des politischen Lebens nicht in erster Linie für die eigenen Zwecke zu benützen, sondern sie ihrer eigenen innern Bedeutung gemäss zu erfassen und zu behandeln. Denn nur so kann es zu *Unterscheidungen* und damit zu Erkenntnis und differenzierter Beurteilung kommen. Und dies wäre so dringend nötig. Denn es gibt miserable, bös gezielte

Machenschaften in der Vermischung von Regierung und Wirtschaft, genauso, wie es miserable, bös gezielte Machenschaften gegen die Existenz des Staates gibt. Und in beiden Fällen müssten diese erkannt werden können, müsste die Gemeinschaft Möglichkeiten suchen und finden können, sich gegen solche Bedrohungen zu wehren. Aber es gibt auch Menschen im Bereich von Regierung und Wirtschaft, denen es in anständig bemühter Weise um das Ganze geht, ebenso, wie es Menschen im Bereich der Kritik am Staate gibt, denen es in anständig bemühter Weise um das Ganze geht. Wenn nun aber nicht einmal mehr versucht wird, derartige Unterscheidungen zu treffen und wenn einfach jede Gruppenzugehörigkeit gern und dankbar bereits als mögliche Teilhabe an verbrecherischen Umtrieben eingestuft wird, dann kommt es zu einem heillosen, zerstörerischen Kampf.

Die Vorstellung von der eigenen Gruppe, welche das Heil verwaltet, und der andern, welche das Unheil anrichtet, ermöglicht dem einzelnen, persönlich ein erhaben reines Gewissen zu haben inmitten all der Not und all des Unrechts in der Welt. Denn die Schuld liegt ja so immer bei den andern. Vielleicht deutlichster Ausdruck dieser Haltung ist, dass praktisch niemand die «Gesellschaft» als das erlebt, was sie wirklich ist: als die Gesamtheit aller Menschen in der Schweiz. Wer sich mit der bestehenden Ordnung identifiziert, der sieht diese bedroht durch die Aussenseiter, von denen er Zerfall, Verderben und Untergang fürchtet und die er deshalb nicht zur «Gesellschaft» zählt; wer sich dagegen mit den Aussenseitern identifiziert, der sieht sich bedroht durch die bestehende Ordnung, von der er Zerfall, Verderben und Untergang fürchtet und von der er sich als von der allein verantwortlichen «Gesellschaft» distanziert. Immer wird dabei die «Gesellschaft» nicht als das gesehen und erlebt, was sie in Wirklichkeit ist, nämlich die Summe *aller* Kräfte und Strömungen im Lande. Wer immer hier lebt, übt eine Wirkung aus – ob er zur Regierung gehört oder zur Opposition, zu den Angepassten oder zu den Ausgeflippten –, und aus allen dadurch bedingten Aktionen, Reaktionen und Erwartungsmustern ergibt sich durch die von ihnen geprägten ganz unterschiedlichen Verhaltensweisen das aktuelle Erscheinungsbild unseres Volkes, eben unserer Gesellschaft. Würde, realitätsgerecht, Gesellschaft so definiert, dann würden Systemvertreter *und* Systemkritiker, Zufriedene *und* Aufbegehrende zusammen mit allen redenden und schweigenden Mehrheiten und Minderheiten gemeinsam die Gesellschaft *sein.* Dann könnte sich keiner davon ausnehmen, weil jeder wüsste, dass er mit seinem eigenen Sein und Tun und Lassen immer irgendwie auf das Ganze einwirkt; dann wäre jeder ein Teil von all dem, was aktuell geschieht; hätte teil daran, hätte auch teil an der Verantwortung. Und keiner könnte sich in der Illusion wiegen, dass *er* wunderbarerweise nicht zu dieser «Gesellschaft» gehört.

Nun ist aber eben im allgemeinen das Ziel gerade nicht dieses Sich-Integrieren in Problemsituationen, sondern das Gegenteil, das Ausgrenzen nämlich und das Sich-Abgrenzen; das Ausgrenzen der andern als der verantwortlichen Bösen und das vorwurfsvoll-unschuldige Sich-Abgrenzen von ihnen. Bei der Beschäftigung mit öffentlichen Problemen wird immer wieder ein grosser Teil der Energie für die Jagd nach Schuldigen und für die Abwehr von möglichem eigenem Anteil verwendet.

Diese Haltung nun wird besonders sichtbar im gesellschaftskritischen Kunst- und Medienschaffen. Sie ist hier so besonders wirksam, weil hinter ihr eine sehr alte Tradition von Kunstverständnis steht, mit dem romantischen Bild, das den Künstler – und dann den Intellektuellen und den Medienschaffenden – als Gegenwesen zur Gesellschaft und als ausserhalb von ihr stehend sieht und als ganz besonders befähigt, gesellschaftliche Zustände und Zusammenhänge adäquat erfassen zu können. Dabei wurde eigentlich nie ernsthaft gefragt, erstens, wieso denn der Künstler ein Gegenwesen ausserhalb der Gesellschaft sei und, zweitens, wieso denn eigentlich mit einer besonders ausgeprägten Begabung im Umgang mit Sprache, mit Musik, mit Formen und Farben und neuerdings mit Schreibmaschine und Kamera notwendigerweise auch eine Fähigkeit für adäquate kritische Erkenntnis gesellschaftlicher Zustände verbunden sein solle.

Doch bestimmen diese zwei Annahmen nach wie vor unhinterfragt ganz ausgeprägt das Geschehen in der Kunst und in den Medien. Dabei üben sie zugleich einen grossen Zwang aus auf diejenigen Kunst- und Medienschaffenden, die sich ihnen gemäss verhalten wollen oder müssen. Gegen Einschränkungen der Meinungsbildung und der Meinungsfreiheit von aussen wird empfindlich reagiert; die Einschränkungen von Meinungsbildung und gestalterischer Freiheit dagegen, die aus diesen romantischen Kunstansichten stammen, werden praktisch nicht wahrgenommen.

Die Einschränkung besteht vor allem im dem Zwang zum Anders-Sein, zum Kontradiktorisch-Sein, zum Provozieren, zum Anstoss-Erregen, zum Interessant-Sein. Alle diese Verhaltensweisen sind nicht etwa als mögliche, im geeigneten Falle aus freier Wahl einsetzbare Mittel bekannt, sondern gelten als dauernd zu absolvierendes Pflichtpensum. Ob sie angewendet werden sollen, hängt nicht vom Thema ab, sondern ist unumgängliche Formsache, wenn das Produkt den Regeln der Zunft entsprechen soll. Denn was diesen «Biss» nicht hat, gilt – wo diese Gesetze als verbindlich betrachtet werden – als lahm und unprofessionell und sicher als ohne gesellschaftliche Relevanz.

Dieser Zwang zum «Biss» hat entscheidende Folgen. Die Kunst- und Medienschaffenden verwalten weitgehend unsere Bild- und Vorstellungswelt. Und die dem romantischen Ideal Verpflichteten unter ihnen sind zahlreich und in hohem Masse tonangebend. Und sie prägen damit entscheidend die allgemeine Bild- und Vorstellungswelt im Sinne ihres «Bisses». Und dadurch verstärkt sich täglich die ohnehin gefährlich virulente allgemeine Tendenz zur Polarisierung, zur bequemen Aufteilung in Hell und Dunkel. Eine rasche, überlegene Souveränität vortäuschende *Urteilsverkündung* ist immer attraktiver und müheloser spannend als eine genaue *Urteilsfindung.* Und damit erübrigt sich diese in so vielen Fällen. Und das Publikum hilft da wacker mit. Auf der einen Seite regt es sich zwar fürchterlich auf über einseitige und tendenziöse Darstellungen – dies allerdings auch nur dann, wenn diese den eigenen Ansichten zuwiderlaufen –, auf der andern Seite aber ist es keineswegs gewillt, grössere eigene Anstrengungen für ein echtes Verständnis eines Tatbestandes zu erbringen und zum Beispiel auf die bequem prickelnd eingängige Aufregung des «Bisses» zu verzichten. Die allgemeine Folge aber ist die, dass echte Gefahren, dass gravierende Probleme, dass tatsächliche Skandale immer weniger ihrer schlimmen Bedeutung entsprechend vorgestellt und wahrgenommen werden können, weil die scheinbar flammend engagierten Mittel als reiner Kunst-Trick längst im Alltagsgebrauch abgegriffen und die Bereitschaft zu Anteilnahme und Einsatz weitgehend ins Leere verpufft sind.

Und so ist es die zum leeren Stereotyp erstarrte Haltung – auf welcher Seite auch immer –, welche sich im öffentlichen Leben so behindernd und auf die Dauer so zerstörerisch auswirkt, nicht aber die immer wieder notwendige, gezielte, entschiedene Stellungnahme. Denn in *jedem* Falle ausnahmslos gleichmässiges Verteilen von Hell und Dunkel lähmt die Urteilskraft und die Aktivität und ist in diesem Ergebnis dann nicht zu unterscheiden von der desinteressierten, lauen Indifferenz. Und diese ist weit verbreitet. Sie wird im allgemeinen höchstens dann empört durchbrochen, wenn andere unliebsam extrem in Erscheinung treten; meist ohne die leiseste Ahnung, wie sehr gerade die eigene Indifferenz mitverantwortlich ist, wenn extreme Ausformungen des politischen Handelns überhandzunehmen drohen.

Klare, entschiedene Stellungnahmen sind immer wieder dringend notwendig. Fragwürdig aber werden sie, wenn sie nicht sach- und problembezogen sind, wenn das gemeinte Ereignis nur zum Vorwand dient für verallgemeinernde, radikalisierende Schlüsse, zur Stärkung der eigenen Position. Gerade das aber hat sich ereignet sowohl im Falle von Frau Kopp wie auch im Falle der Fichen. An sich ist die allzu rasche und platte Gleichsetzung dieser Probleme mit der Schweiz als Ganzem nicht so schlimm; ausserhalb des Tumultes hochgepeitschter Emotionen verliert sie wie jede allzu billige Simplifizierung komplexer Tatbestände rasch jeglichen Anspruch, ernst genommen werden zu können. Gefährlich aber ist die darin sich zeigende, auch sonst so weit verbreitete Tendenz, *den eigenen Anteil am Problem von sich zu weisen.* Dabei ist die Tatsache ja offenkundig, dass in der Fichen-Affaire das Verhalten und das Tun vieler Betroffener – und oft sogar stolz erklärtermassen – durchaus nicht nur so harmlos gemeint war wie unschuldvolles Burgenbauen im Sand. Und wenn dann solches eigenes Verhalten und Tun auf der Gegenseite Reaktionen auslösen, dann dürfte man ehrlicherweise nicht so tun, als hätte man mit der ganzen Sache in blauäugiger Reinheit gar nichts zu tun; auch wenn man gegen Art und Ausmass der Reaktion sich durchaus wehren kann. Grundlegende, mitverursachte Angelegenheiten des eigenen Landes als *gemeinsame Sache* zu sehen, den eigenen Anteil als Verantwortung mit zu übernehmen, das sollte eigentlich ganz selbstverständlich eine Grundhaltung politischer Kultur sein.

Zu einer wachen politischen Kultur aber würde noch etwas gehören, was nun jedoch praktisch überall fehlt: das Rechnen nämlich mit den Ängsten der Menschen und das

Ernstnehmen dieser Ängste. Im Grunde genügt es nicht, für sich selber zu wissen, dass das eigene Tun als für die Gemeinschaft ungefährlich gedacht ist. Die Frage müsste immer auch sein, ob es nicht die Angst der andern auslöst. Denn Angst reagiert immer, und sie reagiert unvermeidbar eng, unelastisch und aggressiv. Diese Tatsache müsste eigentlich alle politischen Strategien in hohem Masse prägen. Es genügt im Grunde eben nicht, dass Frau Kopp bei der Übernahme ihres Amtes wusste, dass sie die Belange ihres Departements und diejenigen der Geschäfte ihres Mannes auseinanderhalten werde. Sie hätte wissen müssen, dass bereits die Möglichkeit einer solchen Verbindung von Regierung und Wirtschaft heute vielen Menschen grosse Angst macht. Sie hätte mit dieser Angst rechnen und möglicherweise andere Konstellationen schaffen müssen. Und es genügt ebenfalls nicht, dass ein Systemkritiker weiss, dass er nichts Zerstörerisches gegen die Schweiz plant. Er müsste wissen, dass diese Haltung vielen Menschen Angst macht, und er müsste mit dieser Angst rechnen.

Und Angst ist praktisch überall. Die Angst vor einer Überschwemmung durch Fremde ist bei vielen Menschen eine Realität, und diese Angst wird sicher nicht kleiner, wenn man die Betroffenen als verhärtete Bornierte bezeichnet; die Angst vor einer Erstarrung in schweizerischer Enge ist ebenfalls bei vielen Menschen eine Realität, und diese Angst wird ebenfalls nicht kleiner, wenn die Betroffenen als Gesinnungslumpen behandelt werden. Dabei weiss ja jeder, dass Angst die vielleicht stärkste Realität im menschlichen Leben ist und die Wurzel der vielleicht stärksten und intensivsten Reaktionen. Und dass nun gerade *damit* im öffentlichen Leben von allen Gruppierungen munter und unbekümmert so wenig oder gar nicht gerechnet wird, dass im Gegenteil gerade hartes Provozieren – also Angst-Machen – zu den hochangesehenen und gerne geübten Praktiken zählt, das gehört zu den grossen Rätseln des öffentlichen Lebens.

In einem so elementaren Belang zeigen sich also keine Unterschiede zwischen den verschiedenen politischen Haltungen. Und vielleicht sind diese Gegensätze eben ganz allgemein von der innern Haltung her gar nicht so gross, auch wenn sie sich äusserlich als so unglaublich verschieden deklarieren. Die von der interessierten Seite her so oft beklagte Wirkungslosigkeit der Systemkritik bei uns rührt vielleicht nicht nur daher, dass «die andern» so stur und unverständig sind und unzugänglich, sondern vielleicht auch daher, dass von der Struktur der *innern Haltung* her in den meisten Fällen gar keine Unterschiede bestehen. Denn in innerlich gleicher Weise äusserlich einfach ein Gegenteil zu vertreten oder zu tun ist kein eigentliches «Anders-Sein», ist die gleiche Einbahnstrasse, bloss in umgekehrter Richtung. Wer mit aufgeschlossenem Herzen Fremde verstehen und akzeptieren kann und dafür Schweizer global abwertend nicht mehr, der unterscheidet sich in seiner innern Haltung nicht vom Schweizer, der global abwertend Fremdes nicht verstehen und akzeptieren kann und nur ein aufgeschlossenes Herz für das Eigene hat.

Vielleicht findet sich ein wirkliches «Anders-Sein» mit einer echt anderen inneren Haltung sich selber und den andern – allen andern – gegenüber überhaupt noch nicht oder erst in zögernden Ansätzen. Und das Reden von alternativen Seinsweisen wäre deshalb vorläufig nur ein Reden über unterschiedlich bemalte Fassaden gleicher Persönlichkeitsgebäude. Vielleicht bleibt deshalb – nicht nur in der Schweiz –, unabhängig von allen Veränderungen, im Endeffekt immer alles in so hohem Masse beim Gleichen.

Gerade auch gegensätzlichen Bildern von der Schweiz ist etwas auffallend gemeinsam: eine starre Einseitigkeit. Anstelle der Glorifizierung tritt dann nicht der Versuch zu einer realen Einschätzung des Landes, sondern einfach die Umkehrung, die Dämonisierung. Neben die süssliche Darstellung tritt die bissig bös diffamierende, neben den bequem billigen, lichten Kitsch der ebenso bequem billige schwarze Kitsch. Auf beiden Seiten wird sorgfältig darüber gewacht, was mit dem «Nest» geschieht. Wer ein lobendes Wort wagt, wird leicht als «Schmutzverheimlicher» verdächtigt; wer ein Wort des Tadels wagt, leicht als «Nestbeschmutzer» verschrieen. *Wie* nun aber das so sorgfältig vor irgendwelchen unlauteren Fehleinschätzungen bewahrte Nest tatsächlich aussieht, scheint dabei offenbar von geringerem Interesse zu sein. Denn offenkundig ist *ein* Zug weit verbreitet: das Bedürfnis, die Schweiz als etwas Aussergewöhnliches zu sehen; entweder im Guten, ehrlich Bemühten oder dann gerade im Negativen, Unfruchtbaren, Schändlichen. Wie auch immer, aber aussergewöhnlich muss es offensichtlich sein.

Solchen Vorstellungen ist wohl der Gedanke an Mittelmass und Durchschnitt ein Greuel, ein Beweis von Versagen und Unwert. Nun sind aber gerade das mittlere Mass und der Durchschnitt von Geglücktem und Misslungenem der Bereich, in welchem allein sich das Leben dauerhaft bewegen kann, und zwar von seinen innern Bedingungen und Möglichkeiten und Beschränkungen her. Nicht aus beschämendem Versagen, sondern weil sie Teil des Lebens ist, bewegt sich auch die Schweiz weitgehend in diesem Bereich. Und es hat keinen Sinn, etwas vom Lande und damit von den andern zu fordern und zu erwarten, was das eigene Leben nicht bringen kann. Wenn das aber nicht wahrgenommen, nicht akzeptiert wird, dann kann nie ein realistisches Bild der Schweiz entstehen: das Bild von einem kleinen Land, dem es unverschämt gutgeht; von einem Land, das weit über seine Grenzen hinaus Grösse beansprucht und diesen Anspruch sowohl erfüllt wie auch verfehlt; das von Weltwirtschaft bis Terrorismus teilzuhaben versucht – und auch teilhat – an den grossen

Spielen der Macht, offen und heimlich, aufbauend und verderblich; von einem kleinen Land mit einer bunten, an Bewährungen und Versagen reichen Vergangenheit; mit einer Gegenwart, geprägt durch den Versuch, die Fülle der Probleme von den verschiedensten Seiten her und nach unterschiedlichsten, sich untereinander bitter bekämpfenden Konzepten zu bewältigen; unter Verwendung von redlichen und fragwürdigen und auch unverantwortlichen Mitteln; mit fairen und mit unfairen Kritikern; mit Ansätzen zu Wohltätigkeit und Verhärtung, zu Isolation und Öffnung.

Ein solches Bild wird kaum je gezeichnet, und in der engagierten politischen und gesellschaftskritischen Auseinandersetzung wird es nicht verwendet und damit auch nicht wirksam. Das hängt damit zusammen, dass das Bedürfnis nach echter eigener Einschätzung mit der gleichzeitigen Wahrnehmung sowohl des eigenen wie auch des fremden Hellen *und* Dunklen sehr klein ist. Das zeigt sich deutlich auch darin, wie selten die Versuche sind, die Schweiz in ihrer Eigenart und mit ihren Bedürfnissen gleichzeitig zusammen mit den Belangen von Europa und der Welt zu sehen. Auch da zeigen sich vor allem wieder statt Zusammenschau polare Gegensätze: Träume, die Schweiz ganz für sich allein aus Europa und aus der Welt herauszuhalten, und Vorschläge, sie als überflüssig und überlebt für Europa ganz aufzugeben. Beides ist wiederum gleichermassen einseitig, eng und unfruchtbar; in beiden Fällen wird die Spannung einer umfassenden Einschätzung und Auseinandersetzung vermieden.

Und doch wäre es wohl dringend notwendig, dass der gleichzeitige Blick auf die Schweiz *und* auf die Welt möglich wird. Solange dieser fehlt, fehlt auch die Möglichkeit, in ein fruchtbares Verhältnis zur Realität zu treten. Nüchtern betrachtet, bedeutet diese Realität, dass angesichts des Weltelendes die Lebenssituation mit der ganzen Fülle von Möglichkeiten zu Lebensentfaltung und Lebensführung für alle Bewohner des Landes eine auserwählte ist, selbst da, wo hart bedrängende und belastende Dürftigkeit und Bedürftigkeit herrschen. Es gälte, diese Situation so wahrzunehmen, wie sie ist, ohne Überheblichkeit und ohne Verketzerung, und dann zu versuchen, sie entsprechend zu verstehen, zu würdigen und zu lernen, mit ihr in einer der Schweiz und der Welt adäquaten Weise umzugehen.

Vielleicht würden sich dann die hier trotz alledem so weit verbreitete, dauerhaft, tief vorwurfsvoll und entrüstet immer noch mehr fordernde Unzufriedenheit einerseits und das allgemeine, nach allem greifende, stumpfe, in lustloser Selbstverständlichkeit immer noch mehr fordernde Konsumieren andererseits angesichts der heillosen Verelendung rund um die Welt als *der* eigentliche, allen gemeinsame schweizerische Skandal herausstellen, weil die gesamte Schweiz sich im Verhältnis zu der Misere der Welt doch recht eigentlich immer mehr ausnimmt wie Versailles mit seinen übersättigten Palastintrigen und -forderungen und -unzufriedenheiten im Verhältnis zum hungernden Frankreich vor zweihundert Jahren.

VERLUST AN GLAUBWÜRDIGKEIT
DER SCHWEIZ IM AUSLAND

Gustave Barbey

Einschneidende Ereignisse haben in den letzten zwei Jahren das politische Leben in der Schweiz gekennzeichnet. In erster Linie der Rücktritt von Frau Kopp aus dem Bundesrat und die Folgen davon auf parlamentarischer und auf gerichtlicher Ebene. In einem ganz anderen Bereich hatte die Abstimmung über die Initiative «Schweiz ohne Armee» ebenfalls heute noch spürbare Auswirkungen.
Was dem Bürger am meisten auffällt, ist die Rolle, welche die Massenmedien bei den Weiterungen und bei der Erledigung der beiden Affären spielten. Unbestreitbar waren Presse, Radio und Fernsehen treibende Kräfte in einer vergiftenden – und, wie man mit Bedauern feststellen muss, auch deformierenden – Kampagne, die nicht nur die öffentliche Meinung in der Schweiz, sondern in gewisser Hinsicht auch unsere politischen Behörden beeinflusst hat.
Was unserer Meinung nach aber eine noch schärfere Verurteilung verdient und noch grösseren Schaden angerichtet hat, ist das Zerrbild, das die Medien von unseren Institutionen in den verschiedensten Bezügen – Politik, Wirtschaft, Finanzen, Moral – vermitteln wollten. Sie haben damit dazu beigetragen, das Bild einer glaubwürdigen Schweiz in den Augen des Auslandes zu trüben.
Anfang November 1989, als die Schlussfolgerungen der Parlamentarischen Untersuchungskommission (PUK) noch nicht bekannt waren, hat der Verfasser dieser Zeilen einmal einen Vergleich zwischen der Bewältigung zweier verschiedener Affären anstellen wollen: zwischen der sogenannten Affäre von Frau Kopp und einer andern, sieb-

zig Jahre zuvor – genau im Jahre 1917 – erledigten, nämlich der Affäre Hoffmann, welche die Neutralität unseres
Landes in Gefahr gebracht hatte.

Damals nämlich hatte sich Bundesrat Arthur Hoffmann,
Vorsteher des (damals Politisches Departement genannten)
Departements für Auswärtige Angelegenheiten, in Kontak-
ten mit einem gewissen Nationalrat Grimm kompromit-
tiert. Letzterer hielt sich eben in Petrograd auf und versuchte, Russland unter dem Deckmantel von Friedensver-
handlungen mit dem Deutschen Reich und Österreich-Un-
garn aus dem Lager der Entente herauszulösen. Die zu diesem Zwecke zwischen Hoffmann und Grimm ausgetausch-
ten Telegramme waren von den Alliierten entschlüsselt
worden, worauf sie das Vorgehen der beiden entrüstet ver-
urteilten und nicht zögerten, die Neutralität der Schweiz in
Zweifel zu ziehen, ja von Verrat zu sprechen.

Die Reaktion unserer Behörden und des Volkes war bei-
spielhaft. Die Bundesversammlung beschränkte sich darauf, den Rücktritt Hoffmanns entgegenzunehmen, und
wählte zum Nachfolger einen Mann, der sich, gestützt
auf die Wertschätzung, die er sich auf der internationalen
Ebene erworben hatte, in der Tat als höchst geeignet erwies, das Vertrauen des Auslandes in die Schweiz wiederherzustellen.

Was Hoffmann betrifft, so wurde gegen ihn keine einzige
Sanktion ergriffen – ausser derjenigen, dass er die Wert-
schätzung seiner Mitbürger verlor. Keine PUK, keine
Strafverfolgung.

Dank dieser Besonnenheit von damals geriet die Angelegenheit rasch in Vergessenheit, was das Beste war für das
Wohl unseres Landes.

Am 27. Oktober 1988 erfährt Elisabeth Kopp von ihrer
persönlichen Mitarbeiterin, eine Gesellschaft, deren Ver-
waltungsrats-Vizepräsident ihr Gatte ist, könnte in eine
Geldwäscheaffäre verwickelt sein. So telephoniert sie
von ihrem Büro aus ihrem Gatten nach Zürich, macht ihn

darauf aufmerksam und legt ihm nahe, aus dem Verwaltungsrat zurückzutreten. Gleichzeitig empfiehlt sie ihm, ihrer Mitarbeiterin zu telephonieren, um genauere Auskünfte zu erhalten. Am gleichen Tag noch entspricht Hans W. Kopp der Bitte seiner Gattin und zieht sich aus der fraglichen Gesellschaft zurück.

Bisher hat der Verfasser dieser Zeilen dazu nur folgendes in Erfahrung bringen können: dass nämlich gegen die betreffende Gesellschaft erst mehr als ein Jahr später auf Ersuchen der zuständigen Behörden des Kantons Zürich eine Untersuchung eingeleitet wurde, ohne dass bis auf den heutigen Tag Anklage erhoben worden wäre.

Hingegen wird gegen Frau Kopp ein Sturm entfesselt. Ihre politischen oder persönlichen Gegner bauschen die Angelegenheit zusammen mit den einträchtig zusammenspannenden Massenmedien auf und verleihen ihr solche Dimensionen, dass Frau Kopp gezwungen ist, aus dem Bundesrat zurückzutreten. Der Rücktritt erfolgt am 12. Dezember 1988. Aufschlussreich ist es, einige Titel der am Vortag in der Presse erschienenen Artikel anzuführen:

«Dort ist die Türe.»

«Die wichtigsten Tageszeitungen gestehen Frau Kopp keine mildernden Umstände zu.»

«Der Weg endet beim Rücktritt.»

«Die Anwesenheit der ersten Frau im Bundesrat endet in Verwirrung und Schande.»

«Wir fordern den Kopf von Frau Kopp.»

Für die Fernsehkommentatoren sowohl in der deutschen wie in der welschen Schweiz ist es ein gefundenes Fressen, immer wieder, bei jeder Nachrichtensendung, zur Jagd auf Frau Kopp zu blasen.

Unsere Behörden stehen nicht zurück. Die Bundesversammlung beschliesst die Einsetzung einer PUK; man ernennt ausserordentliche Untersuchungsrichter, einen ausserordentlichen Bundesanwalt und lädt schliesslich Frau Kopp als Angeklagte vor Bundesgericht vor.

Und welches ist die Ursache dieser zur nationalen Affäre gewordenen Palastrevolution? Mit ihrem Telephonanruf an den Gatten hat Frau Kopp vielleicht die Bestimmungen des Amtsgeheimnisses geritzt. Dass dieses Telephongespräch überhaupt niemandem Schaden zugefügt und die innere oder äussere Sicherheit unseres Landes in keiner Weise gefährdet hat, spielt keine Rolle. Frau Kopp könnte eine Norm des Strafgesetzbuches verletzt haben. Recht muss gesprochen werden. Ehre und Glaubwürdigkeit unserer Institutionen fordern diesen Preis.

Wie es weiterging, ist bekannt. Ein Jahr später kommt es zur Verhandlung vor Bundesgericht gegen Frau Kopp und zwei ihrer Mitarbeiterinnen. Erneut erlebt man bei dieser Gelegenheit eine wohlgeplante Attacke der sogenannten Informationspresse, die sich anheischig macht, dem Bundesanwalt die Anklage zu diktieren, und den Schuldspruch vorwegnimmt. Das Bundesgericht aber beweist einmal mehr, wie unabhängig es ist, und lässt sich durch den seitens der Medien ausgeübten Druck nicht beeinflussen. Frau Kopp wird freigesprochen. Die öffentliche Meinung in der Schweiz ist darüber geteilt, beruhigt sich aber schliesslich.

Im Ausland hingegen, wo das ganze Auf und Ab beobachtet wurde, versteht man die Vorgänge nicht richtig; und das dort in unseren Rechtsstaat gesetzte Vertrauen wird ernsthaft erschüttert. Wir haben diesbezüglich zahlreiche Beobachtungen angestellt und dabei feststellen müssen, wie sehr die Glaubwürdigkeit der Institutionen der Schweiz gelitten hat.

Vergegenwärtigt man sich die beiden von mir als Beispiele angeführten Affären noch einmal, so steht Abgeklärtheit des Urteils, die das Land in der einen kennzeichnete, Masslosigkeit des gleichen Landes in der andern gegenüber. Meiner Meinung nach liegt die Erklärung dafür in der Umgestaltung, welche die Medien in den vergangenen siebzig Jahren erfasst hat. Bis in die dreissiger Jahre gab es keine sogenannte Recherchier- oder Sensationspresse. Ebensowenig existierte das Fernsehen.

In ihrem gegenwärtigen Bemühen, als erste ein Ereignis anzukündigen – wenn auch nicht, es zu verfälschen oder vollständig zu erfinden –, entsprechen die erwähnten Medien dem Geschmack unserer Tage; es ist ihnen dabei aber nicht mehr möglich, abzuschätzen, welche Auswirkungen die von ihnen gewollte Beeinflussung des Publikums hat. Für sie zählt einzig das Bedürfnis, die Neugierde der Konsumenten auszubeuten und wachzuhalten. Fürs Nachdenken bleibt keine Zeit; dem stehen die Erfordernisse der wirtschaftlichen Konkurrenzsituation entgegen.

Trotzdem wäre es ungerecht, den durch die Auswirkungen dieser Affäre Kopp unserem Land auf der internationalen Ebene zugefügten Schaden allein einer gewissen Presse und dem Fernsehen anzulasten.

Die Einsetzung einer PUK und der von dieser veröffentlichte Bericht hatten ebenso unheilvolle Folgen.

Schon gegenüber dem prinzipiellen Entscheid, eine PUK einzusetzen, sind gewisse Reserven angebracht, selbst wenn eine solche Kommission sich aus der Bundesverfassung (Art. 85, Ziff. 11: Oberaufsicht der Bundesversammlung über Verwaltung und Rechtspflege) ableiten lässt und im Geschäftsverkehrsgesetz (Art. 55ff.) vorgesehen ist.

Diese unsere Reserven stammen aus der Überlegung, dass sich ein Politiker dabei in einen Richter verwandeln muss. Ohne seinen Bürgersinn in Zweifel ziehen zu wollen, muss man doch feststellen, dass er von einer politischen Partei abhängt und deshalb die Ideen seiner Partei vertritt. Anderseits muss er sich zur Wiederwahl stellen und hängt deshalb stark vom Bild ab, das die Medien während seiner Amtszeit von ihm vermitteln. Selbst wenn seine Anständigkeit und sein Bestreben, dem Lande zu dienen, ausser Frage stehen, so genügen doch die vorausgegangenen Überlegungen für die Feststellung, dass er als Mitglied einer Kommission, die das Verhalten einer andern in der Politik tätigen Persönlichkeit – Bundesrat, Parlamentskollege, Chefbeamter der Bundesverwaltung – beurteilen muss, nicht geeignet ist.

Schliesslich darf man sozusagen anekdotisch festhalten, dass der Vorsitz in einer PUK ein ausgezeichnetes Sprungbrett für eine künftige Wahl ist. Selbst wenn man den gegenwärtigen Präsidenten beiseite lässt, fehlt es nicht an Präzedenzfällen.

Eine viel berufenere Feder als die meinige hat den in mehrerer Hinsicht tendenziösen Inhalt des PUK-Berichtes vom 22. November 1989 gerügt. (Vgl. den Artikel von Jeanne Hersch im «Journal de Genève» vom 29. Januar 1990.) In ihrer scharfsinnigen Analyse zeigt sich Frau Professor Hersch entrüstet darüber, dass man Frau Kopp in ein und demselben Bericht in Zusammenhang mit Affären zu bringen versuchte, die überhaupt nichts mit den Ereignissen rund um ihren Rücktritt zu tun haben.

Diesen überzeugenden Ausführungen möchte ich zwei Bemerkungen beifügen: die eine persönlicher Art, die andere von allgemeiner Tragweite.

Bevor man die Einsetzung einer PUK ins Auge fasste und dann beschloss, war Nationalrat Moritz Leuenberger vom Deutschschweizer Fernsehen besonders gern zu Kommentaren über die Affäre Kopp aufgeboten worden. Kein Zweifel, dass ihn seine Stellungnahmen während dieser Interviews in den Augen seiner Kollegen als besonders geeignet für den Vorsitz erscheinen liessen. Ein Berufsrichter wäre in derselben Lage wahrscheinlich in den Ausstand getreten.

Wenn man im übrigen die Kommentare dieser Kommission über die der Bundesanwaltschaft unterstellte politische Polizei liest (S. 163ff.), so kann man sich des Eindrucks nicht erwehren, alle Mitglieder hätten die Rolle von Zauberlehrlingen gespielt.

Dass die in den Karteien der verschiedenen beteiligten Verwaltungsstellen archivierten Polizeifichen im besonderen Personen mit Ostkontakten betreffen; dass die meisten sehr wenig sachdienlich und heutzutage völlig wertlos sind: dies alles ist unbestritten. Jedoch sollte man sich in die Verhältnisse und in die Zeitumstände versetzen, während deren sie abgefasst wurden: in einen Zeitabschnitt, da Wirtschafts- und Militärspionage auf ihrem Höhepunkt standen und der aus den arabischen Ländern stammende Terrorismus bei uns zu verschiedenen Malen in Erscheinung trat.

Noch einmal sei betont: Seit den Umwälzungen von 1989 in den kommunistischen Ländern Osteuropas hat der grösste Teil dieser Fichen seinen Wert verloren. Die PUK hätte davon Kenntnis nehmen und deren Vernichtung beantragen können. Doch sie tat mehr, machte diese Angelegenheit auf eine nicht mehr angebrachte Weise publik, womit sich die Schweiz im Ausland einmal mehr in ein schiefes Licht rückte, ja was noch schlimmer ist, lächerlich machte.

Ein eidgenössischer Parlamentarier hat es sich nicht nehmen lassen, die Lage auszunützen und unser Land in den Schmutz zu ziehen. Er stützte sich auf einige seltene konkrete Beispiele aus dem PUK-Bericht und zögerte nicht, sie zu verallgemeinern und die Gesamtheit unserer Institutionen zu brandmarken. Es brauchte die Reaktion zu Unrecht angeklagter Persönlichkeiten, damit sich die Gerichte einschalteten. Es ist eines der Paradoxe, mit denen uns die Geschichte manchmal überrascht, dass es sich ein Gericht in Frankreich – wo der Verfasser die Werbetrommel am stärksten gerührt und am meisten Echo gehabt hatte – als erstes leistete, ein recht hartes Urteil wegen Verleumdung und übler Nachrede zu fällen!

Neben dem Parlament trifft auch den Bundesrat in dieser Fichenaffäre eine grosse Verantwortung. Auf die Angriffe seitens der Medien – die sich erneut auf diese Affäre stürzten, um sie als einen nationalen Skandal darzustellen – hätte er energisch reagieren sollen; statt dessen legte er ein bemühendes Schuldbekenntnis ab und entschuldigte sich öffentlich für etwas, was ihm nicht nur nicht zur Last gelegt werden konnte, sondern eigentlich bloss Geringschätzung verdient hätte.

Zur Ehre der Schweiz sei festgehalten, dass sich ein in der Angelegenheit unverdächtiges ehemaliges Mitglied des Bundesrates aufgefordert fühlte, dafür zu sorgen, dass die Kirche wieder mitten im Dorfe stehe. Mit folgenden Worten äusserte sich Pierre Graber, der 1970 bis 1977 dem EDA vorstand, zu diesem Thema:

«Man hat den Sinn fürs Mass verloren. Dafür gibt es zwei Gründe: den fehlenden Kontakt zwischen den Verantwortlichen oben und dem Volk; die neue Berufsauffassung der Medien, die bewirkt, dass man so stark wie nur möglich ins Feuer bläst. Weil das Volk offenbar Anrecht darauf hat, alles zu wissen, anerkennen die Medien keine Verantwortung gegenüber dem Lande mehr. Sie haben sich zur Aufgabe gemacht, alles zu publizieren, ohne sich Gedanken darüber zu machen, ob sie damit der Gemeinschaft dienen oder schaden. Man klagt über den Schnüffelstaat, doch der Schnüffeljournalismus zahlt sich aus. Ebenso verurteilungswürdig finde ich die Politiker und die Parteien, die bei den Wahlen von den «Affären» profitieren wollen.

Auch mich hat man fichiert, wie jedermann. Um mir anhand der Akten ein Urteil bilden zu können, habe ich mir meine Fiche zustellen lassen. Sie beweist, wie einfältig das System war. Über die 45 Jahre meiner politischen Tätigkeit enthält sie keine einzige wertvolle Information, welche die Presse seinerzeit nicht veröffentlicht hätte. Lächerlich und nutzlos also. Inwiefern stellen die 900 000 Fichen der Bundesanwaltschaft eigentlich einen Skandal dar? Zunächst, nur 300 000 davon betreffen in der Schweiz gemeldete Vereinigungen oder Personen, davon öfters solche von Ausländern. Bloss eine bescheidene Zahl enthält wirklich politische Informationen. Es ist grotesk, von einer ‹Stasi› bei uns zu sprechen.

Man weiss doch, dass kein Staat darum herumkommt, zum eigenen Schutze und zum Schutze seiner Bürger Informationen zu sammeln. Es ist nicht Sache der Regierung, Zehntausende von Karteien in der Verwaltung zu öffnen, um festzustellen, ob all das, was die Fichen vielleicht enthalten, nützlich oder gut ist.»

(«Le Matin», 2. Juni 1990)

Diese Bemerkungen kamen gerade zur rechten Zeit, in dem Moment, da man von der Unterschriftensammlung für eine Initiative erfuhr, welche die Abschaffung unserer politischen Polizei bezweckt. Die PUK und mit ihr die Gesamtheit der Räte, die den Bericht vom 22. November 1989 ohne den geringsten Vorbehalt gutgeheissen haben, können sich zu diesem Resultat beglückwünschen! Zweifellos wird diese neue Initiative, deretwegen sich die ausländischen Geheimdienste ins Fäustchen lachen werden, kaum etwas zur Glaubwürdigkeit unseres Landes beitragen.

Dies führt mich ganz natürlich zum ersten Ereignis zurück, das ich eingangs erwähnt habe, nämlich zur Initiative für eine Schweiz ohne Armee. Mein Kommentar dazu ist kurz. Schon als diese Initiative lanciert wurde, herrschte im Ausland Erstaunen darüber, dass man dem Volk die Kompetenz verleiht, sich über Beibehaltung oder Abschaffung einer Armee im Lande auszusprechen.

Zu diesem Erstaunen gesellte sich bei unsern Nachbarn eine gewisse Unruhe angesichts der Möglichkeit, die Schweiz könnte im Zentrum Europas ein entmilitarisiertes Land werden. Denn über unseren Kontinent hinaus wird die bewaffnete Neutralität unseres Landes als friedensicherndes Element betrachtet.

Die Abstimmung erfolgte unter Bedingungen, die für die Befürworter dieser Initiative ideal waren. Die Anzeichen für ein Ende der kommunistischen Herrschaft in den Ländern Osteuropas wurden immer deutlicher, ebenso die Entspannungspolitik zwischen den Vereinigten Staaten und der Sowjetunion. Die äussern Zeichen einer Kriegsdrohung, ja selbst einer blossen politischen oder militärischen Spannung an unseren Grenzen waren verschwunden. Warum sollte man unter diesen Bedingungen, da unser Land gegen jeden äussern Konflikt abgeschirmt war, eine Armee aufrechterhalten? Warum vor allem die dazu erforderlichen finanziellen Opfer gutheissen? Im übrigen hatte der materielle Wohlstand, in dem die Schweiz seit über vierzig Jahren lebt, bei den jungen Leuten die Bereitschaft, Disziplin zu üben und körperliche Anstrengungen auf sich zu nehmen – beides Grundlagen einer Rekrutenschule – untergraben. So bot denn diese Initiative der Jugend eine verlockende Möglichkeit, sich den körperlichen und moralischen Zwängen des militärischen Lebens zu entziehen.

Trotz all der Illusionen, die sie nährte, und trotz der Vorteile, die sie den jungen Bürgern geboten hätte, wurde diese Initiative mit einer Mehrheit von über 65 Prozent der Stimmenden und von praktisch allen Kantonen verworfen. Dieses Resultat, das ziemlich genau denjenigen entsprach, die bei allen andern vorausgegangenen Abstimmungen über Fragen der Armee (Dienstverweigerung, Rüstungsreferendum) erzielt worden waren, hätte von den Gegnern der Initiative mit einigem Stolz zur Kenntnis genommen werden können.

Das genaue Gegenteil war der Fall. Dank einer systematischen Desinformation des Fernsehens und der meisten Zeitungen erschienen die Urheber der Initiative, die bloss knapp 35 Prozent der Stimmenden hinter sich hatten scharen können, als die grossen Sieger dieser Volksbefragung.

Am Abend des Abstimmungssonntags organisierte das Westschweizer Fernsehen eine Sendung mit eingeblendeten Strassenszenen, in denen entfesselte Demonstranten im Chor armeefeindliche Parolen schrien und Schweizer Fahnen verbrannten. Vielen Zuschauern waren diese Bilder unerträglich, und die Pressekommentare des folgenden Tages hinterliessen in der Schweiz wie im Ausland einen abstossenden Eindruck. Einmal mehr unternahmen die Medien alles, um von der Schweiz ein Bild zu vermitteln, das so herabwürdigend wie nur möglich war und in den Nachbarländern denn auch einen schlechten Eindruck hinterliess.

Einige Monate nach dieser Abstimmung wurden andere Initiativen dem Volke zur Entscheidung unterbreitet. Die Ja-Stimmen entsprachen oft ungefähr denjenigen, die «Schweiz ohne Armee» erhalten hatte. Doch in jedem dieser Fälle lauteten die Kommentare der Presse einhellig: «Diese Initiativen sind vom Souverän bachab geschickt worden.»

Das mindeste, was man hierzu sagen kann, ist folgendes: Die Medien haben nicht die geringsten Skrupel, sich zu widersprechen und das zu verdammen, was sie am Tage zuvor noch angebetet haben.

Vielleicht wirft man uns jetzt vor, unser Fernsehen und unsere Presse allzu hart zu kritisieren. Wie wir aber oben andeuteten, hegen Persönlichkeiten, deren Autorität viel grösser ist als die unsere, genau dieselben Gefühle.

Wir sind davon überzeugt, dass diese Manipulation beziehungsweise Desinformation der öffentlichen Meinung durch die Medien für die Zukunft der Schweiz eine erhebliche Gefahr darstellt. Beim einfachen Bürger wie bei den höchsten Amtsträgern wecken und schüren sie ein Gefühl der Verunsicherung. Im übrigen vermitteln sie dem Ausland ein nicht eben blendendes Bild von unserem Lande und schwächen damit die Stellung seiner Vertreter und insbesondere seiner Regierung bei Verhandlungen auf internationaler Ebene; und das ist für unser Land zutiefst schädlich.

ZWISCHEN VERGANGENHEIT UND ZUKUNFT:
OHNE RECHT KEINE SCHWEIZ

DER FALL KOPP
IN HISTORISCHEM ZUSAMMENHANG

Sigmund Widmer

Dem Wunsch der Herausgeberin, die verschiedenen in diesem Buch vereinigten Beiträge zum Thema Elisabeth Kopp mit einem Kapitel abzuschliessen, das versucht, die Dinge in einen grösseren Rahmen einzuordnen, komme ich nach einigem Zögern nach.

Unbestritten dürfte sein, dass in unserem Land, wie in jedem andern auch, Phasen der inneren Geschlossenheit mit solchen krisenhafter Erschütterung abzuwechseln pflegen. Dieser regelmässige Wandel lässt sich auf rund zwei Jahrhunderte zurückverfolgen.

Den Katastrophen, die im Zusammenhang mit der Französischen Revolution und den Eroberungskriegen Napoleons über unser Land hereinbrachen, folgte eine Phase meist geruhsamer innerer Entwicklung, die vom Sonderbundskrieg und der Bundesreform von 1848 abgelöst wurde. Es dauerte etwa eine Generation, bis sich um 1870/75 mit dem Durchbruch der demokratischen Bewegung neue Unruhe regte, die zur Totalrevision der Bundesverfassung von 1874 führte. Wieder folgte eine Phase stabiler Entwicklung, die mit dem Ausbruch des Ersten Weltkrieges 1914 ihr Ende fand. Die damalige Spaltung in Deutsch und Welsch, die soziale Not und die Einwirkungen der Revolution in Russland führten die Schweiz in ihre bisher schwerste innere Krise dieses Jahrhunderts, den Landesstreik von 1918. Dabei sei nicht übersehen, dass auch der weltpolitische Umschwung am Ende des Krieges die Schweiz vor heikle Situationen stellte. Der deutschfreundliche Bundesrat Arthur Hoffmann stolperte über seine eigene Aktivität und wurde zum plötzlichen

Rücktritt gezwungen, was erlaubte, einen welschen Bundesrat zu wählen, dessen gute Beziehungen zu den Siegermächten ausser Zweifel standen.

Nur kurze Zeit währte die scheinbare Beruhigung in den zwanziger Jahren, denn schon 1930 folgte eine neue Erschütterung durch die Wirtschaftskrise. Das Gefühl der Bedrohung von aussen wuchs sodann seit 1933 durch die nationalsozialistische Machtpolitik. Wie jedermann weiss, wirkte sich diese Gefährdung durch das expandierende deutsche Reich im Sinne einer allgemeinen Einigungsbewegung im Innern unseres Landes aus. Gegen Kriegsende ergab sich naturgemäss eine ähnlich holprige Kursänderung wie ein Vierteljahrhundert zuvor: Die Rolle des Bösewichts wurde Pilet-Golaz übertragen, der unter allgemeiner Kritik aus dem Amt schied.

Erstaunlicherweise meisterte man im übrigen den Schritt von den Kriegsjahren in die nächste Epoche mit bescheidenen Irritationen. Es kann dies mit folgenden Feststellungen erklärt werden: Der amerikanische Marshallplan sicherte Westeuropa eine rasche wirtschaftliche Entwicklung, was auch der Schweiz erlaubte, eines der grössten gemeinsamen Ziele, die Vollbeschäftigung, zu realisieren. Zudem fügte sich fast nahtlos an den Untergang Hitlers ein neues, weitentferntes Böses an: Stalin und die sowjetrussische Expansionspolitik. In den fast 40 Jahren des Kalten Krieges konnten sich allfällige aggressive Bedürfnisse der Schweizer nach aussen wenden. So wie man zur Nazizeit das Böse auf Berlin projizierte, so ortete man es nun in Moskau.

Daraus ergibt sich aber auch, dass der plötzliche Zusammenbruch der Sowjetunion als bedrohliche Weltmacht erhebliche Veränderungen für die Schweiz bringen musste. Wer immer aggressive Bedürfnisse empfand, musste zur Befriedigung solcher Wünsche neue Ziele im eigenen Lande suchen – und auch finden. Damit nicht genug: Das volle halbe Jahrhundert einer zuvor nie gesehenen Vollbeschäftigung und der beispiellose Anstieg der materiellen

Wohlfahrt liess völlig neue Anschauungen entstehen. So regten sich politische Gruppierungen mit ungewohnten Wertordnungen, zum Beispiel mit der Ansicht, materieller Fortschritt sei vom Übel und habe den Geboten des Umweltschutzes Platz zu machen. Um das Mass der Verunsicherung und erzwungenen Neuorientierung voll zu machen, beschleunigte sich die Integration Europas, welche die Schweiz zusätzlich vor ungewohnte aussenpolitische, wirtschaftliche und kulturelle Perspektiven führt.

Selbstverständlich fehlt es nicht an besonnenen Menschen, die versuchen, eine geordnete Umgruppierung der vorhandenen Kräfte vorzunehmen und die stets vorhandene Kampflust nach aussen statt nach innen zu richten. Jedoch, die Verunsicherung ist so allgemein, dass es bisher nicht gelungen ist – etwa wie 1939 – gemeinsame Ziele zu formulieren.

In einer solchen Situation ist es verständlich, dass die verunsicherten Massen nach Schuldigen rufen. Seit es von Menschen geformte Gemeinschaften gibt, besteht die Tendenz, in Zeiten der Irritation Schuldige zu suchen und auf einem Altar zu opfern. In seinem feinsinnigen Roman «Das Glasperlenspiel» schildert Hermann Hesse, wie das Volk den Regenmacher, wenn der Regen ausbleibt, zu töten pflegte. Vor 3000 Jahren schon kannten die Israeliten den Sündenbock, den man in die Wüste schickte. In Athen griff man in Augenblicken der Unsicherheit zum Ostrakismus, das heisst, man schrieb den Namen eines im Augenblick unbeliebten Politikers auf eine Tonschale und verbannte ihn aus der Stadt. Während Jahrhunderten hielt sich im Wallis der Brauch der Mazze: In Ungnade gefallene Mächtige wurden aus dem Lande getrieben – und so fort. Der psychische Vorgang war bis heute immer derselbe: Die Massen verschaffen sich Erleichterung, indem sie eine prominente Person opfern – wohl auch mit der unbewussten Hoffnung, so die Götter zu versöhnen, das heisst, das Schicksal zu wenden.

Auf solchem Hintergrund sind die verschiedenen «Skandale» zu sehen, die seit zwei Jahren aufeinander folgen. Es begann Ende 1988 mit dem Rücktritt von Elisabeth Kopp. Unter dem Titel einer ersten PUK (Parlamentarische Untersuchungskommission) folgte die sogenannte Fichenaffaire, und im Spätherbst 1990 bildete die PUK 2, die öffentliche Auseinandersetzung über den geplanten Widerstand gegen eine mögliche Besatzungmacht, den vorläufigen Abschluss.

Bezeichnend für die emotionale Stimmung in all diesen «Skandalen» dürfte folgendes sein: Anlässlich der PUK-Debatte meinte einer der stets erregten Parlamentarier, angesichts der «unerhörten Enthüllung» durch die PUK 2 sei das berühmte Telefon der Elisabeth Kopp eine Lappalie gewesen.

So oder so – bleibt die innere Einigung aus und fehlt es an einem äussern «Feind», so wird die Reihe der «Skandale» zweifellos ihre Fortsetzung finden. Als nächstes geeignetes Thema bietet sich der Fall Jeanmaire an.

Damit wird auch klar, um was es bei diesen sogenannten Skandalen geht: um Vergangenheitsbewältigung. Dabei muss man sich eingestehen, dass die verschiedensten politischen Kreise ihre Vergangenheit zu bewältigen haben. Auf bürgerlicher Seite fällt es nicht leicht, einzugestehen, dass man die Russen als militärische Gefahr weit überschätzt hat. Und auf der Linken ringt man verzweifelt mit den Illusionen, die man an den «realen Sozialismus» geknüpft hatte. Aus solchen Peinlichkeiten bildet die Flucht in immer neue Skandale einen bequemen Ausweg – die aktuellen Probleme lassen sich auf diese Weise leider nicht lösen.

Verschärft wird die Situation noch durch einen Vorgang, der in der schweizerischen Bevölkerung wenig bewusst ist: Die Führung im politischen Geschehen geht immer deutlicher von den verfassungsmässigen Organen auf die grossen Massenmedien über. Als allerneustes Beispiel sei das Thema der Irak-Geiseln in Erinnerung gerufen. Der Bundesrat hatte, in Beachtung der erstmals seit Bestehen der UNO offiziell eingegangenen Sanktionen, auf die Entsendung einer offiziellen Delegation nach Bagdad verzichtet. Daraufhin nahm der «Blick» die Dinge in die Hand und fand mühelos ein paar Parlamentarier, die sich für dieses medienträchtige Unternehmen zur Verfügung stellten.

Klar war der politische Aspekt der Aktion: Der Ringier-Konzern trat mit dem Anspruch auf, an Stelle einer untätigen Landesregierung die politische Handlungsfähigkeit der Schweiz und ihre humanitäre Gesinnung zu beweisen. Hätte die bizarre Unberechenbarkeit des irakischen Diktators nicht zufällig dazu geführt, dass ausgerechnet am Tag vor der vorgesehenen Irak-Debatte im Nationalrat sämtliche Geiseln wohlbehalten in der Schweiz eingetroffen waren, so wäre bereits ein weiterer «Skandal» Tatsache gewesen.

Interessanterweise haben die Monopolbetriebe der SRG diese Aktion der Ringier-Gruppe keineswegs als Konkurrenz empfunden – vielmehr verliehen sie der Irak-Aktion grösstmögliche Publizität: Schliesslich befand sich ein Dutzend SRG-Angestellte in Bagdad. Die Chance, das Ansehen der obersten Landesbehörde empfindlich zu treffen, liess alle Bedenken verstummen.

Jede Analyse innenpolitischer Vorgänge wird deshalb davon ausgehen müssen, dass die nach Gesetz und Verfassung für politische Entscheide zuständigen Instanzen bei der Entscheidungsfindung immer mehr durch die Massenmedien verdrängt werden. In diesem Kampf um die Macht können die Medien ihre Kompetenzen am raschesten dadurch ausweiten, dass sie das Ansehen der verfassungsmässigen Behörden konsequent schwächen.

Damit zurück zum Fall Kopp. Eines war stets unbestritten: Frau Kopp wurde nicht durch die für die Wahl oder Abwahl des Bundesrates zuständige Instanz, nämlich die

Bundesversammlung, zum Rücktritt veranlasst. Ganz im Gegenteil: Am 7. Dezember 1988 hat die Bundesversammlung Elisabeth Kopp trotz heftiger Kritik mit durchaus ehrenvollem Resultat zur Vizepräsidentin des Bundesrates für das Jahr 1989 gewählt – wenige Tage später aber ist sie unter dem permanenten Druck der Massenmedien zurückgetreten. Deutlicher könnte man die Verschiebung der effektiven politischen Macht von den formell zuständigen Behörden zu den Medien nicht belegen.

Der märchenhafte Aufstieg der Elisabeth Kopp wie ihr jäher Fall lassen sich nur aus der Irritation unserer Zeit erklären. Der Fall Kopp bildet recht eigentlich den Anfang einer Reihe von Vorfällen, mit denen die Schweiz die weitverbreitete innere Unsicherheit zu bewältigen versucht. Ob es bei Elisabeth Kopp zu einer Rehabilitierung kommt, lässt sich heute noch in keiner Weise voraussagen. Es hängt dies völlig von der allgemeinen politischen Entwicklung ab. Immerhin darf als legitime Erwartung die Hoffnung geäussert werden, es werde gelingen, die verfassungsmässigen und die effektiven Machtbefugnisse wieder in Einklang zu bringen. Zudem muss gesagt werden: Sollte sich die allgemeine Stimmung bald erneut fundamental ändern, so stünden die dannzumal politisch Handelnden auch wieder vor dem Zwang, ihre Vergangenheit zu bewältigen. Dazu würde dann auch die Beurteilung des Falles Kopp mit anderen Augen gehören.

VOR-URTEIL UND NACHTRÄGLICHE UNTERSCHIEBUNG – EINE WARNUNG

Roberto Bernhard

Zwei Aspekte verwildernder Prozesskommentierung

Den Architrav der Säulenhalle vor dem Haupteingang des Bundesgerichtsgebäudes zieren die lateinischen Worte «LEX. JUSTITIA. PAX.». Sie bringen lapidar zum Ausdruck, was die Aufgabe der richterlichen Gewalt ist. Sie hat das Gesetz anzuwenden. Sie hat damit – und im Rahmen des Gesetzes – Gerechtigkeit anzustreben, einen der Gesetzlichkeit übergeordneten Gesichtspunkt. Der gefällte Entscheid über die Streitsache soll schliesslich den Rechtsfrieden wiederherstellen.

Die Wiederherstellung des Rechtsfriedens

Befriedend wirken am ehesten salomonische Urteile, die allen Beteiligten und Beobachtenden unmittelbar einleuchten. Das sind indessen Glücksfälle. Das Rechtswesen ist zu komplex geworden, um solches zur Regel zu machen. Das Ziel, den Rechtsfrieden wiederherzustellen, ist denn auch bescheidener. Es geht darum, einen Streit durch einen Entscheid von unabhängiger, unparteiischer Seite zu beenden, indem diesem Entscheid – ob er gefällt oder nicht – Rechtskraft und Vollstreckbarkeit verliehen wird. Wirtschafts- und Bauanwälte wissen, wie wichtig ein rascher, schlimmstenfalls negativer Entscheid über ein bedeutendes Anliegen sein kann – so wichtig, dass er einem jahrelang erdauerten Prozesssieg vorgezogen wird: weil die Sache gar nicht so lange hängig, im ungewissen, bleiben darf; sie muss entweder der Verwirklichung rasch zugeführt oder baldigst als irrealisabel vom Tische sein, um anderen Vorhaben Platz zu machen. Rechtsfriede bedeutet in diesem Sinne vorab Beendigung eines streiterfüllten Schwebezustandes durch das Herstellen einer Gewissheit, die – mag sie auch Enttäuschung oder Groll wecken – zu feststehenden Fakten führt, ohne die die Betroffenen sich im in Frage stehenden Lebensbereich nicht endgültig neu einzurichten vermöchten. Aus diesem Grunde ist die Revision eines rechtskräftigen, insbesondere letztinstanzlichen Urteils nur aus besonders schwerwiegenden, ausserordentlichen Veranlassungen möglich.

Die sogenannte Akzeptanz kann denn auch nicht im Vordergrunde des richterlichen Bemühens stehen, wenn ein Urteil gefällt wird. Wo zwei Parteien im Streite liegen, ist die Aussicht gross, dass nur die obsiegende das Ergebnis «akzeptabel» finde. Darum bedarf das Urteil autoritativer Durchsetzbarkeit. Auf Akzeptanz schielende Richter müssten ihre Unbefangenheit und unabhängige Selbständigkeit denn auch verlieren. Diese ist überdies eine Quelle ihrer moralischen und rechtlichen Autorität. Ein Urteil gewinnt seinerseits allerdings an imponierender Wirkung, wenn bei seiner Fällung die Praktikabilität nicht ausser acht gelassen worden ist. Weltferne ist kein wünschbares Markenzeichen für Gerichtsurteile. Die Annehmbarkeit eines Urteils bei der Meinungsbildung über dasselbe mutwillig untergraben heisst freilich, dem Rechtsfrieden einen Bärendienst zu leisten.

Rechtsfrieden herstellen bedeutet keineswegs, dass nach gefälltem Urteil jeglicher Meinungsstreit über das Ergebnis zu verstummen hätte. Ausser Streit genommen ist nur der Prozessgegenstand und seine effektive rechtliche Befindlichkeit. Ob und wie auch anders hätte geurteilt werden können, bleibt der akademischen Diskussion offen. Andernfalls würde ja die Möglichkeit der Rechtsfortbildung wenn nicht unterbunden, so doch behindert. Gerichtsurteile sind kritisierbares Menschenwerk; eine Gerichtspraxis kann verbesserungsfähig sein, und dies soll auch zum Ausdrucke gebracht werden können. Es ändert dann aber nichts mehr daran, dass der konkrete Fall rechtens entschieden ist und der betreffende Richterspruch gilt, ob es einem passt oder nicht.

Diese Autorität verleiht ihm die Rechtsordnung aus der gesellschaftlichen Notwendigkeit heraus, in Streitfällen zu Endgültigem zu gelangen. Die Rechtsordnung knüpft aber diese Autorität, diese gleichsam monopolistische Kompetenz von Richtern zu früher oder später endgültiger Streitentscheidung, an die Voraussetzung ihrer Unabhängigkeit und Unparteilichkeit oder anders gesagt daran, dass sie nach bestem Wissen und Gewissen urteilen werden. Sie mögen sich über Tatsachen täuschen; sie mögen anderweitig irren; ihre Rechtsauffassungen mögen diskutabel sein: Dies alles ist weder erwünscht noch erfreulich, muss aber in Anbetracht der Begrenzung menschlicher Vollkommenheit bisweilen in Kauf genommen werden. Viel gravierender wäre es dagegen, wenn Unabhängigkeit und Unparteilicheit in Frage gestellt werden müssten. Um Derartiges in einem Prozess geltend machen zu können, stehen bestimmte prozessuale Wege und Mittel zur Verfügung. Sie und nur sie allein sind geeignet, einen Mangel an Unabhängigkeit und Unparteilichkeit abzuklären und die erforderlichen Konsequenzen herbeizuführen. Solche Wege und Mittel nicht zu beanspruchen, aber dennoch diese Grundeigenschaften richterlicher Legitimität ausserhalb dieser Wege und Mittel in Zweifel zu ziehen, führt auf Abwege, zielt an den gebahnten Pfaden rechtsstaatlicher Ordnung vorbei und kann unter Umständen darauf hinauslaufen, deren Spielregeln in Frage zu stellen.

Dies ist beim Erheben einer Urteilsschelte im Auge zu behalten, wenn sie für Fachleute glaubwürdig ausfallen soll. Darauf wird noch zurückzukommen sein.

Die Unschuldsvermutung

Stellt nun die Rechtsgemeinschaft die Streitentscheidung in Rechtsfragen (und damit auch den Entscheid zwischen Freispruch und Verurteilung in Strafsachen) in die Zuständigkeit einer unbefangenen richterlichen Gewalt, so muss das Urteil folgerichtigerweise dieser vorbehalten bleiben. Es ist daher sinnvoll, dass die Europäische Menschenrechtskonvention (EMRK) in Artikel 6 Ziffer 2 den folgenden Rechtssatz aufstellt: «Bis zum gesetzlichen Nachweis seiner Schuld wird vermutet, dass der wegen einer strafbaren Handlung Angeklagte unschuldig ist.» Diese Unschuldsvermutung dient gewiss in erster Linie dem individuellen menschenrechtlichen Schutz des Angeklagten. Sie proklamiert aber damit auch, wer allein befugt ist, diese Vermutung aufzuheben: der (gerichtsverfassungsmässig zuständige) Richter. Eine Vorwegnahme seines Spruches verstösst damit nicht allein gegen die menschenrechtliche Individualrechtsgarantie zugunsten des Angeklagten. Eine solche Vorwegnahme setzt sich auch in Widerspruch zur Zuständigkeitsordnung des Menschenrechtsstaates.

Dementsprechend folgerte der Kassationshof des Schweizerischen Bundesgerichts in seinem Urteil 6S.111/1990 vom 23. April 1990 (vgl. «Neue Zürcher Zeitung» [NZZ] Nr. 106 vom 9. Mai 1990) in einem Prozess um eine angebliche Ehrverletzung durch die Presse wie folgt (Erwägung 4): «Angemerkt sei immerhin, dass es im Hinblick auf die Unschuldsvermutung (Art. 6 Ziff. 2 EMRK) gute Gründe für die Rechtsprechung gibt, der Beweis für die Richtigkeit der Behauptung, jemand habe ein Delikt begangen, könne prinzipiell nur durch eine entsprechende Verurteilung erbracht werden (BGE [Bundesgerichtsentscheid] 106 IV 115 ff.).»

Vor-Urteil

Die Vorwegnahme des richterlichen Entscheids insbesondere durch die meinungsbildenden Informationsmedien vermag zwar jenem Entscheid nichts von seiner Rechtskraft zu nehmen. Sie mindert indessen seine autoritative Ausstrahlung in das soziale Gefüge. Mehr noch: Sie setzt den Richter unter Umständen einem sozialen Erwartungsdruck aus, der ihn in seiner Entscheidungsfreiheit hemmt. Genau das will aber die EMRK nicht, wenn sie in Art. 6 Ziff. 1 jedermann den Anspruch erteilt, «dass seine Sache in billiger Weise (...) gehört wird, und zwar von einem unabhängigen und unparteiischen, auf Gesetz beruhenden Gericht (...).»

Dementsprechend versucht etwa in den Vereinigten Staaten von Amerika, wo sowohl die Pressefreiheit als auch der Anspruch auf fairen Prozess verfassungsmässig gewährleistet ist, die Justiz, die auseinanderstrebenden Wirkungen dieser Garantien zu harmonisieren. Sie tut dies gegenüber Geschworenen, die Medieneinflüssen zugänglicher sein mögen als abstrahierungsgewohntere Berufsrichter, mit folgenden Vorkehren, die weniger die Presse treffen als auf eine Prozessobjektivierung ausgerichtet sind: Verlegung des Verfahrens in einen publizistisch weniger berührten Gerichtssprengel; einlässliche Befragung der designierten Geschworenen hinsichtlich ihrer allfälligen Befangenheit und gegebenenfalls deren Disqualifikation; Abschirmung der Geschworenen vor dem Medienkonsum, im äussersten Fall durch zeitweilige Klausur; Publikationsverbote zuhanden der Prozessparteien, unter Strafandrohung. (Freundlicherweise durch Dr. iur. Ernst Walder vermittelte Mitteilung von Rechtsanwalt Mark D. Geraghty, New York.)

Doch auch Berufsrichter verspüren offenbar Pressionen. Der Kassationshof des Schweizerischen Bundesgerichtes hat denn auch im soeben erwähnten Urteil (Erwägung 5 a aa) unter anderem ausgeführt: «Gerade die jüngste Zeit hat gezeigt, dass Presseveröffentlichungen, die auf der vorgefassten Meinung der Schuld eines einstweilen bloss Beschuldigten beruhen, einerseits eine falsche Erwartungshaltung der Öffentlichkeit und damit die Gefahr eines unerwünschten indirekten Drucks auf die verantwortlichen Justizbehörden bewirken können (...) und andererseits stets mit der Gefahr einer Vorverurteilung verbunden sind, die einen nachträglichen Freispruch durch die Justiz, der prinzipiell immer als eine Möglichkeit in Rechnung zu stellen ist, illusorisch zu machen droht. Daraus folgt, dass dem Grundgedanken der Unschuldsvermutung bei Pressedarstellungen über hängige Strafverfahren prinzipiell Rechnung zu tragen ist.» Im Sinne dieses letzten Satzes hat sich auch die I. Öffentlichrechtliche Abteilung des Bundesgerichtes im Entscheid 1P.627 und 628/1989 vom 15. Februar 1990 ausgesprochen, obschon sie im betreffenden Fall eine Parteilichkeit der Medien mit parteiisch machendem Einfluss auf das in Frage stehende Gericht verneinte (vgl. NZZ Nr. 111 vom 15. Mai 1990).

Beide Bundesgerichtsurteile sind, wie deren Begründung zeigt, im Bewusstsein der Existenz einer Wächteraufgabe der Medien gegenüber dem Gange der Justiz gefällt worden, mag auch das Verhältnis zwischen diesem Vorbehalt zugunsten der Pressefreiheit und den postulierten Pflichten der Medien im einzelnen unter Medienschaffenden kontrovers sein.

Die Klammern – deren Inhalt hier vorerst weggelassen worden ist – in der eben zitierten Passage aus dem Bundesgerichtsurteil vom 23. April 1990 enthalten Hinweise auf den Bundesgerichtsentscheid vom 15. Februar 1990, auf ein weiteres Bundesgerichtsurteil von 1985 und auf «die Sendung des deutschschweizer [sic] Fernsehens am Vorabend der Urteilsberatung im sogenannten Kopp-Prozess». Diese Sendung hat denn auch offenkundig die Bundesrichter entscheidend sensibilisiert und ihre Besorgnis über die Wirkung sogenannter Vorverurteilungen in den Medien vertieft. Diese Sendung verdient deshalb – als Schulbeispiel – nähere Betrachtung.

Die bundesgerichtliche Äusserung hat zwar im Organ des Verbandes der Schweizer Journalisten (VSJ), im «Telex 3/90», eine editoriale Kommentierung erfahren, die mit Sarkasmen nicht geizt. Es wäre denn auch eher neu, wenn aus den Reihen eines Berufsverbandes Medienschaffender ein gerichtliches Aufzeigen von Grenzen der Äusserungs- und Pressefreiheit schlicht hingenommen würde. Nichtsdestoweniger ist keines der verfassungsmässigen Freiheitsrechte schrankenlos. Der fragliche Kommentar stösst sich insbesondere daran, «dass das Bundesgerichtsurteil besagt, dass mit Rücksicht auf unaufmerksame Zeitungsleser in einem Artikel immer wieder betont werden müsse, dass im beschriebenen Fall noch kein rechtskräftiges Urteil vorliege (...)». Der Kommentator (Martin Edlin) meint: «Dass Bundesrichter derart naiv sind, an einen solchen Journalismus, der deswegen kein bisschen ‹ethischer› wäre, zu glauben, lässt nicht einmal die kühnste Unschuldsvermutung zu ...» In der Tat fiele es nicht eben schwer, jemanden auch dann gründlich und vorverurteilend anzuschwärzen, wenn jedesmal bei seinem Namen die blosse «Mutmasslichkeit» seiner Täterschaft erwähnt würde. Das Erforderliche kann bei keinem Geringeren als Johann Peter Hebel in seiner Kurzgeschichte «Eine merkwürdige Abbitte» nachgelesen werden. Doch um solche blosse Ausdruckskosmetik geht es bei diesen gerichtlichen Hinweisen gerade nicht. Darum zielt der erwähnte Kommentar denn auch am Kern der Sache vorbei. Wer sich ständig mit dem Ausgleich zwischen den Funktionen der Justiz und jenen der Publizistik abzugeben hat, spürt das sehr wohl. Darum konnte der seit Jahren als Presseberichterstatter am Bundesgericht tätige lic. iur. Markus Felber denn auch zum Bundesgerichtsurteil vom 23. April

1990 anmerken: «Wo die Grenze zu ziehen ist, scheint nach dem Urteil des Bundesgerichtes im übrigen gar nicht so schwierig»; dass dem Journalisten Kritik an der Ausübung des Richteramtes erlaubt sei, nicht aber deren richtende Vorwegnahme, bezeichnete er als «eine Einsicht, die jedem Gerichtsberichterstatter geläufig sein dürfte, von Redaktoren und Layoutern bei der Titelgestaltung aber gelegentlich vergessen wird» (vgl. «Der Landbote», Nr. 105 vom 9. Mai 1990).

Der Erwartungsdruck

Das Bundesstrafgericht hatte im Fall Schweizerische Bundesanwaltschaft gegen Elisabeth Kopp, Katharina Schoop und Renate Schwob in einer von vornherein erwartungsgeladenen Situation zur Beurteilung anzutreten. Die Publizität, welche die zum Rücktritt der Bundesrätin führenden Vorgänge, die Verlautbarungen aus den dem Bundesstrafprozess vorangehenden Untersuchungen, insbesondere aber auch die Aktivität der Parlamentarischen Untersuchungskommission (PUK) hervorgerufen hatte, förderte ohne Zweifel eine urteilsvorwegnehmende Meinungsbildung, in mancher – wenn auch nicht jeder – Beziehung sogar unvermeidlicherweise. Der Umstand, dass die Arbeit der PUK der Klärung politischer Verantwortlichkeiten zu dienen hatte, ist dabei wohl von nicht wenigen Zeitgenossen ungenügend beachtet worden und färbte erheblich auf die Stimmung ab, in der das Bundesstrafgericht zu amten hatte. Das Funktionieren solcher Kommissionen wird aus rechtsstaatlicher Sicht noch genauer überdacht werden müssen. Zu diesem Überdenken dürfte die Beachtung von fragwürdigen Interferenzen zwischen gesetzgebender und rechtsprechender Gewalt gehören, wie sie hier aufgetreten sind.
Der Vertreter der Bundesanwaltschaft, Joseph-Daniel Piller, hob im Bundesstrafprozess denn auch am 21. Februar

1990 selber die vox populi hervor, die – gespalten in die Stimmen jener, die fanden, die Angeklagten hätten schon genug gebüsst, und derjenigen, welche die Ahndung der unübersehbaren Kettenreaktionen im öffentlichen Leben forderten – entweder einen Freispruch oder aber eine hohe Strafe erwarte. Demgegenüber unterstrich der Ankläger, dass massgebend nur das Verschulden sein könne. Diese Mahnung vermochte jedoch einen spektakulären vorverurteilenden Fehltritt des Fernsehens DRS und insbesondere eines angesehenen Hochschullehrers und Strafrechtsspezialisten – noch am Abend desselben Tages, also vor der Urteilsberatung – nicht zu verhüten. In ihm dürfte das auslösende Moment der erwähnten Erwägung 5 a aa des Bundesgerichtsurteils 6S.111/1990 vom 23. April 1990 liegen. Professor Jörg Rehberg (Universität Zürich), der in der Sendung «Tagesthema» dem Fernsehen Rede und Antwort stand, vermochte in der Frage nach der Herkunft der fatalen Mitteilung (über ein angebliches Strafverfahren gegen ein von Hans W. Kopp vizepräsidiertes Unternehmen) an Frau Kopp lediglich einen Seitenweg zu erblicken, auf den die rechtliche Argumentation zum und im Prozess geraten sei. Er versicherte, die Quelle der Information spiele beim Tatbestand der Verletzung eines Amtsgeheimnisses keine Rolle. Auch eine private Information vermöge zum Amtsgeheimnis zu werden; dies sei seine feste Meinung, bei der er sich darauf stützen könne, dass – soviel er wisse – nie eine andere Meinung vertreten worden sei. Dies bekräftigte er auf die Frage des Interviewenden, ob auf jeden Fall kein Freispruch für Frau Kopp in Frage komme, mit der Antwort: «Ich würde das so betrachten.» Seine Ausführungen, es sei u. a. entscheidend, ob Frau Kopp seinerzeit die fragliche Information erhalten habe, gerade weil sie damals Behördemitglied war, wurden vom Befragenden mit dem Einwurf unterbrochen, ob Rehberg sagen würde, das sei im vorliegenden Fall gegeben gewesen. Prof. Rehberg meinte:

«Soweit man von ferne, würde ich sagen, beurteilen kann: ja.» Der Interviewer quittierte dies unwidersprochen mit der Zusammenfassung: «Nach Ihrer Interpretation, Professor Rehberg, also kein Freispruch möglich für Frau Kopp.» Dies bestätigte Rehberg bei der Beantwortung der weiteren Frage nach den Chancen der beiden mitangeklagten Mitarbeiterinnen von Frau Kopp mittelbar mit der Äusserung seiner «ganz persönlichen Auffassung», er sehe Chancen eines Freispruchs eigentlich nur bei Frau Renate Schwob. Hier hakte der Fragesteller wieder ein: «Wagen Sie eine Prognose für das Urteil am Freitag?» Rehberg fand abschliessend: «Das ist eigentlich alles, was ich jetzt sagen will. Eine genauere Prognose wäre gefährlich.»

An dieser Äusserung fällt zunächst auf, dass Rehberg die neueste bundesgerichtliche Rechtsprechung zur Amtsgeheimnisverletzung nicht erwähnte, ja sie anscheinend nicht einmal zur Kenntnis genommen hatte, obschon sie in der Tagespresse verbreitet worden war (vgl. z. B. NZZ Nr. 253 vom 31. Oktober 1989, S. 22, Urteil 6S.279/1989 vom 2. August 1989). In diesem Präjudiz heisst es (die Stelle wird in der Amtlichen Sammlung der Entscheidungen des Schweizerischen Bundesgerichtes im Wortlaut veröffentlicht werden): «Nach der in der Literatur vertretenen und zweifellos zutreffenden Ansicht darf der Betroffene seine im Zusammenhang mit der amtlichen Tätigkeit erfahrenen Kenntnisse weitergeben, wenn er davon bereits vorher als Privatperson Kunde erhalten hat oder wenn er sie ausserhalb des Dienstes noch einmal erfährt (Franz Martin Spillmann, Begriff und Unrechtstatbestand der Verletzung der Amtsgeheimnisse nach Artikel 320 des Strafgesetzbuches, Diss. Zürich 1984, S. 31 mit Hinweisen). Es sprechen nun aber keine sachlichen Gründe dafür, den Fall, in welchem der Betroffene mutmasslich geheimzuhaltende Tatsachen ohne weiteres auch noch ausserhalb des Dienstes in Erfahrung bringen könnte – und wie im vorliegenden Fall – darauf sogar einen rechtlichen

Anspruch hätte, anders zu beurteilen. Es würde einen überspitzten Formalismus bedeuten, zu verlangen, dass sich der Betroffene in einem solchen Fall die im Dienst erlangten Kenntnisse zunächst noch auf die ihm ohne weiteres offen stehende andere Weise aneignen müsste, bevor er sie weitergibt.»

Das Verschweigen der Existenz einer von der strengeren Meinung Prof. Rehbergs (und anderer) abweichenden, doch bereits praxisbildenden, vom Kassationshof des Bundesgerichtes sanktionierten Rechtsauffassung in einer Fernsehsendung mit einer so massgeblich wirkenden Persönlichkeit wie Rehberg war, der Sache nach, bereits grob einseitig. Ganz abgesehen von diesem von der professoralen abweichenden höchstrichterlichen Rechtsverständnis bildete indes die Bestimmtheit, mit welcher der Rechtslehrer aus seiner wissenschaftlichen Autorität heraus seine Ansicht vertrat, dass das Prozessergebnis zu einer Verurteilung von Frau Kopp führen müsste, einen massiven Beitrag zum Aufbau jenes aus guten Gründen mit der Unschuldsvermutung als unvereinbar betrachteten, parteiischen Erwartungsdruckes in der Öffentlichkeit. (Von parteiischem Erwartungsdruck auf die Justiz müsste indessen auch im umgekehrten Falle gesprochen werden, wenn der Freispruch ungebührlich postuliert würde. Dann stände zwar nicht die Unschuldsvermutung, wohl aber die Billigkeit, nach der vor einem unabhängigen und unparteiischen Gericht nach dem Willen von Art. 6 Ziff. 1 EMRK verfahren werden soll, auf dem Spiele.) Die wenigen, von Prof. Rehberg verwendeten Einschränkungsfloskeln («von ferne», «ganz persönliche Auffassung») vermögen die Bestimmtheit des von ihm Vorgetragenen nicht entscheidend zu relativieren, und schon gar nicht ist dies der Fall bei seiner abschliessenden Bemerkung, eine genauere Prognose wäre gefährlich. Die Richtung des ihm zufolge zu Erwartenden war eindeutig und augenfällig genug gewiesen, um im Widerspruch zum Vorverurteilungsverbot und zur Unschuldsvermutung, im Widerspruch zum Gebot, Urteile nicht vorwegzunehmen, zu stehen, kurz: um menschenrechtswidrig zu sein.

Es wird Leute geben, welche dies mit einem Achselzucken abtun werden. An Besorgnis, Verständnislosigkeit und Entrüstung hat es indes unter Juristen und Richtern dieses Landes nicht gefehlt. Es handelt sich in der Tat um einen Einbruch in einen wichtigen Bestandteil einer hochzuhaltenden Rechtskultur, der von einem Lehrer der Jurisprudenz, der ein Beispiel für die kommende Juristengeneration sein sollte, zuletzt zu erwarten gewesen wäre. Diese Entgleisung darf nicht auf die leichte Schulter genommen werden. Sie zeigt auch, wie schwer offenbar in Augenblikken, da politische «Säuberungs»-Leidenschaften die öffentliche Meinung und einen Teil ihrer Träger erfassen, Korrektheit dem einen oder anderen, an prominenter Stelle in die «Saubermacher-Prozedur» Eingespannten fallen kann...

Die Vorverurteilung auf dem Wege der Medien ruft – wenn es nicht gerade um ein konzessioniertes und damit unter Umständen die Konzession verletzendes Medium geht – beim jetzigen Stande der Gesetzgebung freilich regelmässig keiner Sanktion. Ob daran etwas zu ändern wäre, könnte allerdings diskussionswürdig werden. Unter Umständen müssten dann aber auch Begehren aus Kreisen Medienschaffender (z.B. die Zeugnisverweigerungsfrage) in die Erörterungen miteinbezogen werden. Auf alle Fälle wäre dann jedoch im Auge zu behalten, dass zwischen der Äusserungsfreiheit und der Wächterfunktion der Medien einerseits und dem Anspruch auf fairen Prozess mit effizienter Unschuldsvermutung anderseits ein oft nur schmaler Pfad, eine Gratwanderung, hindurchführt. Es sind durchaus Situationen denkbar, in denen noch bei laufendem Verfahren publizistische Kritik an diesem kaum mehr zu umgehen ist (auch im Bundesstrafprozess Kopp gab es solche Momente) oder wo sich gar derart alarmierende Vorgänge zeigen, dass das Gebot, sich nicht in die Urteilsbildung einzumischen, aus besonderem Rechtfertigungsgrund, sozusagen notstandsmässig, hinfällig werden müsste – eigentliche Ausnahmesituationen, versteht sich. Auf den bei solchem massgebenden Grundwert wird am Schlusse dieser Ausführungen einzugehen sein.

Die Auswirkungen einer doch recht krassen Vorverurteilung im Stile des «trial by press», wie sie hier beschrieben worden ist, sollten nicht unterschätzt werden, so wenig wie die Bedeutung des Signals, das im erwähnten Urteil des Bundesgerichtes vom 23. April 1990 liegt. Man hat in letzter Zeit oft das Wort «Staatskrise» recht leichtfertig in den Mund genommen. In Wirklichkeit ist man im Fall Rehberg einer eigentlichen Justizkrise nur zufällig entgangen: Ein Bundesrichter, der lediglich infolge bestimmter Koinzidenzen im Falle Kopp nicht mit zu Gerichte sass, hat uns mit allem erforderlichen Ernst und nicht unter dem Siegel der Verschwiegenheit versichert, dass er sich nach der Ausstrahlung des Rehberg-Interviews geweigert hätte, weiter an der Beurteilung des Falles mitzuwirken, hätte er dem urteilenden Kollegium angehört. Braucht es einen Zwischenfall solchen Kalibers, mit schwer abschätzbaren Folgen, um bei uns die Augen für die Voraussetzungen eines «fair trial» zu öffnen?

Die nachgeschobene Unterstellung

Dass ein Bundesstrafurteil über ein bisheriges Mitglied des Bundesrates auch nachträglich noch zu reden geben würde, stand von vornherein fest. Kritikwürdige Eigentümlichkeiten der Anklageführung wie der Prozessleitung, die Meinungsverschiedenheiten der juristischen «Denkschulen» über die Bedeutung (bzw. Bedeutungslosigkeit) der möglichen privaten Wissensquelle beim Tatbestand der Verletzung des Amtsgeheimnisses und das

199

Absehen von Strafe wegen eines – anscheinend aus Billig-
keitsgründen – auffallend weit gefassten Begriffes des
Rechtsirrtums bei Frau Schoop haben zudem für Stoff zur
juristischen Nachlese gesorgt. Die Objektivität gebietet
hiebei anzuerkennen, dass die – hier nicht geteilte – Meinung in guten Treuen vertretbar, obgleich keineswegs in
allen Teilen zwingend ist, dass das Bundesstrafurteil in
einzelnen Punkten auch hätte – je nach der Rechtsauffassung – anders ausfallen können. (Daraus geht denn auch
hervor, dass in einer überblicksweisen Emission vor der
Urteilsfällung, wenn überhaupt, solche Alternativen hätten – neutral – erwähnt werden sollen!)
Die legitime Urteilskritik stösst nun allerdings dort an
ihre Grenze, wo ohne die mindeste sachliche Handhabe
den Richtern wiederum unsachliche Motive unterschoben
werden. So glaubte Nationalrat Franz Jaeger im Bundesstrafurteil im Falle Kopp in der DRS-Fernsehsendung
«Die Freitagsrunde» vom 23. Februar 1990 ohne jede
überzeugende Begründung ganz klar sehen zu können,
dass dieses Urteil ein politischer Entscheid, ein juristischer
Fehlentscheid aus politischen Motiven sei. Jaeger beklagte
zugleich, das Urteil mache den (politischen) Vertrauens-
schwund und Vertrauensverlust «noch grösser als vorher». Ja, hätte denn das Bundesgericht sich dieses Ver-
trauensschwundes annehmen und nur zu dessen Behe-
bung die Angeklagte(n) vollends in die Wüste schicken
sollen? Das wäre dann allerdings ein politisches Urteil gewesen, und nicht nur das. Denn hier schimmert nun doch
der archaische Wunsch nach dem Sündenbock durch, mit
dessen Exekution die Gesellschaft sich von ihren auf ihn
projizierten Mängeln gereinigt glaubt: «Da rast der See
und will sein Opfer haben.» Auch eine Politikerin vom
Range Eva Segmüllers, die von der Annahme eines apoli-
tischen Urteils ausging, glaubte in dieser Sendung – in
wesentlich gemesseneren Worten – feststellen zu müssen,
durch das Urteil resp. die Freisprechung werde der politi-

sche Schaden nicht verkleinert; es sei absolut in der Wirkung keine Massnahme zur Vertrauensbildung. Die Politikerin beklagte auch den Zeitpunkt der Urteilsfällung. Dieser war aber durch den Ablauf des Verfahrens bestimmt und nicht nach politischen Rücksichten manipulierbar. Die von Frau Segmüller vorgenommene politische Lagebeurteilung mochte stimmen; wie, wann und wo aber wird eine durch die Gewaltenteilung von politischen Motiven sowohl entbundene als auch pflichtgemäss ausgeschlossene rechtsprechende Gewalt, wenn sie politischen Erwartungshaltungen nicht genügt – nicht genügen darf! – je dem Vorwurf entgehen, durch apolitisches Verhalten politisch gewirkt zu haben? Es ist hier nicht der Ort, die Apologie der politisch unentbehrlichen Institution der Gewaltentrennung zu schreiben. Doch würde es nichts schaden, wenn deren rechtsstaatliche Bedeutung auch von Politikern im Auge behalten würde. Zum Glück ist dies in jener Sendung durch andere, politisch prominente Persönlichkeiten denn auch berichtigend geschehen.

Immerhin, die suggestive Unterstellung unsachlicher, unlauterer Beweggründe und Einflüsse bleibt eine probate Methode nicht nur, um im Einzelfall einen unbequemen Entscheid vor unzähligen, für Einflüsterungen Anfälligen zu disqualifizieren. Die Methode hat, immer wieder angewandt, auch ihre Bedeutung, wenn es gilt, ein politisches System zu verdächtigen und in Misskredit zu bringen. Ist es ein Zufall, dass man in letzter Zeit diese Unterschiebungstaktik häufiger anzutreffen scheint? In der Angelegenheit des Publizisten Andreas Kohlschütter, der vom militärischen Geheimdienst UNA um Spitzeldienste angegangen worden sein will, führte im Auftrag des Vorstehers des Eidg. Militärdepartementes (EMD) Bundesrichter Thomas Pfisterer eine Disziplinaruntersuchung durch, die zum Schlusse kam, der betreffende Beamte habe weder absichtlich noch fahrlässig seine Dienstpflicht verletzt. Die Zeitschrift «Politik und Wirtschaft» (Nr. 7, 1990, S.

13) behauptete hierauf in einem nicht unterzeichneten Artikel, damit seien «gleich mehrere politische Fehler begangen» worden. Worin diese bestanden haben sollen, wird lediglich insinuiert: Pfisterer sei ein Schulkollege des EMD-Vorstehers gewesen; sein Rang eines Obersten im Generalstab wird erwähnt; Pfisterer bestreite, «für Villiger ein ‹Gefälligkeitsgutachten› erstellt zu haben»; Pfisterer wird als «mutmasslicher Weisswäscher» verächtlich über die Schulter angesehen – und dergleichen mehr. Kein Wort davon, dass Pfisterer kein Klassenkamerad des EMD-Chefs war, dass man einen Richter mit hohem Offiziersrang bestimmte, damit diesem im EMD nicht so leicht ein X für ein U vorgemacht werden konnte; dazu wird – ohne jeden Beleg – der Gedanke, Pfisterers rechtsstaatliche Untersuchung (wahrhaftig kein «Gutachten»!) könnte ein «Gefälligkeitsgutachten», mutmasslich zum «Weisswaschen», sein, dem Leser augenzwinkernd nahegelegt. Oder nehmen wir die Verlautbarung eines Industriellen, der in einem Zivilprozess aus (durchaus plausiblen) Gründen unterlegen ist. Selbstverständlich steht es ihm frei, eine andere Rechtsauffassung als jene des Bundesgerichtes zu vertreten. Er hat es auch öffentlich getan. Dies genügte ihm indessen nicht. Einer Presseagentur gegenüber erklärte er: «Solche Urteile haben Mafia-Charakter und zeigen, dass auch das Bundesgericht eine politische Instanz ist.» So geschehen im Juli 1990.

Warnung

Der in dieser Verlautbarung liegende, diffamatorische Korruptionsvorwurf wird nicht von jedermann als bare Münze genommen werden. Doch steter Tropfen höhlt den Stein. Die Bank Julius Bär, deren Wochenberichte für ihre Scharfsichtigkeit bekannt sind, hat im Wochenbericht Nr. 26 vom 12. Juli 1990 mit Grund auf die Gefahr hingewiesen, die in der – durch den unkritischen Konsum grenzüberschreitender Medien geförderten – unbedachten Kopie von Verhaltensmustern mehr oder weniger dem Zweiparteiensystem ergebener ausländischer parlamentarischer Demokratien liegt. Es werde «hierzulande offenbar nicht mehr erfasst, dass die Emotionalisierung der Bevölkerung unter dem System des Parlamentarismus einen anderen Stellenwert besitzt. Dort geht es der Opposition regelmässig und vor allem darum, die Politik der Mehrheit so zu verunglimpfen, dass sie letztlich aus der Macht verdrängt werden kann. In der direkten Demokratie hingegen muss die Konsenssuche und -findung, welche dem Sachverstand zu folgen haben, im Vordergrund stehen.» In der parlamentarischen Zweiparteiendemokratie können Lösungen von Problemen bisweilen nur durch einen Machtwechsel herbeigeführt werden. Machtwechsel sind indessen vielfach nur durch Emotionalisierung und Übersensibilisierung der Wählerschaft erreichbar, durch Stimmungsmache. In der direkten Demokratie vermag das Volk dagegen über die parteipolitischen Machtverteilungen hinweg zu entscheiden. Ziel der direkten Demokratie ist jedoch der «richtige» Entscheid, jener, der von möglichst vielen, von der Mehrheit, mitgetragen werden kann und wird. Diese Stabilität ist nur in einem letztlich sachbezogenen Prozess der ausgleichenden Interessenausmarchung erreichbar, mit Hilfe eines Ethos, eines disziplinierten Mechanismus der konvergierenden Willensbildung und der Respektierung ihres Ergebnisses. Die Umgehung und das Unterlaufen dieser Art von Willensbildung durch nicht sachbezogenes Erregen kollektiver Gefühlsaufwallungen kann sich destabilisierend und damit mit der Zeit auf die direkte Demokratie perniziös auswirken. Diese degeneriert dann zur plebiszitären Demokratie mit pöbelhaften Zügen. Das beginnt unter anderem damit, dass man die Urteile der rechtsprechenden Gewalt medienmässig vorkaut, bevor sie gefällt sind, und der Justiz je nach Ergebnis nach dem Urteil selbstgefällig-beifällig auf die

Schulter klopft oder ihr aber ohne weiteres unlautere Beweggründe nachsagt.

Was von Medienschaffenden im Vorfeld einer gerichtlichen Beurteilung einer Streitsache erwartet wird, ist in einem Rechtsstaate nicht bloss die Beachtung einiger Formalien, hinter denen sich gleichwohl ausgewachsene Perfidie ausleben liesse. Es geht vielmehr darum, dass – genau gleich wie dort, wo ausnahmsweise in der Öffentlichkeit, um Ungeheuerliches zu verhüten, doch vorzeitig die publizistische Notleine gezogen werden muss – nach dem Massstabe von Treu und Glauben abgewogen und gehandelt wird (Art. 2 des Zivilgesetzbuches: «Jedermann hat in der Ausübung seiner Rechte und in der Erfüllung seiner Pflichten nach Treu und Glauben zu handeln. Der offenbare Missbrauch eines Rechtes findet keinen Rechtsschutz.»). Ein gar blauäugiger Ratschlag, gewiss. Einer der Führer der schweizerischen Wirtschaft, der sich in finten- und fallgrubenreichen Gefilden sehr wohl auskennt, bemerkte indessen kürzlich in ernsthaftem Gespräch zur heutigen Befindlichkeit der Schweiz: «Die Schweiz hat bis heute auf Grund des Prinzips von Treu und Glauben im gegenseitigen Umgang ganz verschiedener Menschen funktioniert. Wenn wir heute Probleme miteinander haben, so hängt dies nicht zuletzt damit zusammen, dass Treu und Glauben immer weniger verstanden und beachtet werden.» Wohlfeiles treuwidriges Polemisieren um der Effekthascherei willen ersetzt sachbezogenes, meinetwegen hartes Politisieren in der Tat nicht, sondern schlägt Sargnägel in unser staatspolitisches System – vermutlich, um es gelegentlich durch irgendein anderes ersetzen zu können, wahrscheinlicher aber mit destruktiver Wirkung auf das Dasein dieser nicht ganz einfachen, doch erhaltenswerten, in ihrer Bezeichnung schon auf das Fundament von Treu und Glauben bezogenen Eidgenossenschaft.

BIOGRAPHISCHE NOTIZEN

Jeanne Hersch, 1910 in Genf geboren, Schülerin von Karl Jaspers. Unterricht an der Ecole Internationale in Genf. 1956–1977 Professor für Philosophie an der Universität Genf; dazwischen Lehrtätigkeit in den USA und Kanada. 1966–1968 Direktor der Abteilung für Philosophie der UNESCO in Paris; vertritt danach die Schweiz in deren Exekutivrat. Jeanne Hersch ist Ehrendoktor der Theologischen Fakultät der Universität Basel. Verschiedene Auszeichnungen: Preis der Stiftung für Menschenrechte; Montaigne-Preis; Max Schmidheiny-Freiheitspreis; Max Petitpierre-Preis. Zahlreiche Bücher, u. a. Begegnung, Verlag Huber 1975; Antithesen, Der Feind heisst Nihilismus, Verlag Meili 1982; Quer zur Zeit, Essays, Verlag Benziger 1989; Das philosophische Staunen, Verlag A. Piper 1989; Schwierige Freiheit, Verlag A. Piper 1990; Die Hoffnung, Mensch zu sein, Verlag A. Benziger 1990; Das Recht, ein Mensch zu sein, Antologie der Freiheit, Verlag Helbling & L. 1990.

Pierre Arnold, geb. 1921 in Ballaigues. Agraringenieur. 1947 Diplom der ETH Zürich. Vizedirektor des waadtländischen Molkereiverbands (USAR). 1958 Eintritt in die Migros. Ernennung zum Delegierten des Migros-Genossenschafts-Bundes. Verantwortlich für die Sparte Lebensmittel. 1965 Vizepräsident der Administration. Von 1967–1984 Präsident der Verwaltungsdelegation. 1984 Präsident der Verwaltung des Migros-Genossenschafts-Bundes. Verwaltungsrat verschiedener Unternehmen wie SBB, Swissair usw. Mitglied VR und Direktion SMH.

Elsie Attenhofer, geb. 1909. 1934 beginnt mit dem Chanson vom «alkoholfreien Mädchen» von Max Werner Lenz die Cabaret-Laufbahn am Cornichon. 1944 Premiere des Dialektstückes gegen den Antisemitismus: «Wer wirft den ersten Stein?», in Basel. 1959 Uraufführung des Schauspiels «Die Lady mit der Lampe» unter dem Patronat von Theodor Heuss. Erfolgreiche Tourneen in der Schweiz und im Ausland mit einem Ein-Frau-Cabaret und mit ihrer Neugründung Cabaret «Sanduhr». 1975 Herausgabe des grossen Cornichon-Buches. 1989 erscheint «Réserve du Patron. Im Gespräch mit K.». Erinnerungen an die 35jährige Partnerschaft mit dem Germanisten und Historiker Karl Schmid. Seit den dreissiger Jahren bis zum heutigen Tag kämpft E. A. für die Rechte und die Solidarität der Frauen.

Gustave Barbey, geb. 1911. Studium an der Rechtswissenschaftlichen Fakultät der Universität Genf. 1935 Lizentiat der Rechte; 1938 Anwaltspatent von Genf. Mai 1940 Ernennung zum Hauptmann der Fliegertruppen, Militärattaché während der Mobilmachung 1939–1945. Advokatspraktikum im Büro Eugène Borel und Paul Lachenal; anschliessend – von 1951 bis heute – Partner im gleichen Büro. Generalkonsul Norwegens in Genf. Präsident der Stiftung Baur, verantwortlich für die Verwaltung des Museums Baur (Sammlung chinesischer und japanischer Kunst).

Fritz Baumann, geb. 1894. Studium der Rechtswissenschaft in Zürich, Lausanne und Leipzig. Studienabschluss 1918 als Fürsprecher. Einige Jahre als juristischer Mitarbeiter in der Staatsverwaltung und einige Jahre freie Praxis als Fürsprecher und Notar. 1931–1961 Oberrichter. Während Jahrzehnten in der Sozialdemokratischen Partei aktiv. Zwei Schriften über Probleme des Sozialismus:

«Auf dem Weg zu einer sozialistischen Gesellschaft» und «Sozialdemokratie der Schweiz, wohin des Wegs?» (ein Beitrag zur Revision des Parteiprogramms der SPS). Umfangreiche soziale Tätigkeiten wie Arbeiterhilfswerk, Kinderhilfe des Roten Kreuzes, Vortragstournees bei deutschen Kriegsgefangenen und anderes. – Der hier wiedergegebene Artikel erschien im «Aargauer Tagblatt» vom 20. Januar 1989.

Roberto Bernhard, geb. 1929, Bürger von Winterthur, Dr. iur., Inhaber des zürcherischen Antwaltspatents, Journalist BR. Seit 1958 beim Schweizerischen Bundesgericht akkreditierter Berichterstatter vorwiegend deutschschweizerischer Medien. Präsident der Arbeitsgemeinschaft der Bundesgerichtsjournalisten. Zeitweilige praktische Tätigkeit in der Justiz als zürcherischer Gerichtsauditor, a. o. Substitut eines Bezirksgerichtsschreibers, a. o. Ersatzrichter an einem Bezirksgericht, a. o. Bundesgerichtssekretär sowie Gerichtsdolmetscher in erster Instanz, vor dem Geschworenengericht und dem Obergericht des Kantons Zürich.

Rudolf Friedrich, geb. 1923, Dr. iur. Nach der Maturität in Winterthur Studium der Rechte und der Nationalökonomie, militärische Schulen und Aktivdienst. Nach mehrjähriger Tätigkeit an Gerichten, in der Wirtschaft und der Advokatur 1957 Eröffnung eines Anwaltsbüros in Winterthur. 1962 Wahl in den Winterthurer Gemeinderat, 1967 in den Zürcher Kantonsrat und 1975 in den Nationalrat als Mitglied der FDP-Fraktion. Spezialisierung in den Bereichen Staatsrecht, Raumplanung, Landesverteidigung und Aussenpolitik. 1982 Wahl in den Bundesrat und Vorsteher des EJPD. Nach dem gesundheitlich bedingten Rücktritt in verschiedenen sozialen und politischen Organisationen sowie publizistisch tätig.

Carlos Grosjean, geb. 1929 in Barcelona. Rechtsstudium an den Universitäten Neuenburg und Tübingen. Rechtsanwalt. Neuenburgischer Regierungs- und Ständerat von 1965–1979. Gegenwärtig Präsident des Verwaltungsrates der SBB. Dazu in verschiedenen Unternehmungen des Privatsektors tätig.

Michel Halpérin, geb. 1948. Lizentiat der Rechte; Diplom an der Rechtswissenschaftlichen Fakultät der Universität Genf. Advokat. 1984–1989 Mitglied des Grossen Rats des Kantons Genf. Vorsteher der Anwaltskammer. Auf beruflicher und politischer Ebene vehementer Verfechter der Menschenrechte, der Freiheit und der Eigenverantwortlichkeit des einzelnen.

Werner Kägi, geb. 1909. Studienjahre in London, Berlin und Zürich. Promotion zum Doktor beider Rechte. Habilitationsschrift «Die Verfassung als rechtliche Grundordnung des Staates». 1945 Wahl zum a. o. Prof.; 1952 zum Ordinarius. Während des Kriegs Aufbau und Leitung der juristischen Abteilung des Internierten-Hochschullagers für die polnischen Internierten. In der Folgezeit Arbeit an der Verteidigung und der Entwicklung der Menschenrechte, der Demokratie, des Föderalismus und des Rechtsstaates. Dr. iur. h. c. der Universität Jerusalem; Dr. theol. h. c. der Universität Bern.

Hans Georg Lüchinger, geb. 1927, Dr. iur., von Zürich, wohnhaft in Wettswil a/A. Nach Studium der Rechte in Genf, Rom und Zürich seit 1956 selbständiger Rechtsanwalt in Zürich; war Mitglied des Zürcher Gemeinderates, der Exekutive seiner heutigen Wohnsitzgemeinde, Zürcher Kantonsrat (FDP) und 1979–1987 Nationalrat; war Präsident von fünf kantonalen und eidgenössischen Volksinitiativen, alle zur Steuersenkung; intensive journalistische Tätigkeit; Präsident verschiedener sozialer Organisationen.

Ernst Meili wurde 1930 im Zürcher Oberland geboren. Nach dem Theologiestudium wirkte er als Gemeindepfarrer sieben Jahre in Hirzel und beinahe 18 Jahre in Thalwil. Er ist verheiratet und Vater zweier Söhne. Seit 1959 ist er Mitglied der Kirchensynode. Von 1966 bis 1969 war er Präsident des Pfarrvereins. Die Synode wählte ihn 1973 in den Kirchenrat, wo er sich mit dem Gemeindeaufbau, der Erwachsenenbildung und der Aus- und Weiterbildung der Pfarrer befasste. Im Herbst 1981 wurde er zum Präsidenten des Kirchenrates gewählt.

Richard Merz, Dr. phil., geb. 1936, Schulen bis Maturität in Zug. Ausbildung zum Schauspieler. Engagements in Frankfurt am Main und Zürich. Oberseminar des Kantons Zürich. Lehrer in Mettmenstetten. Studium an der Universität Zürich: Germanistik, Religionsgeschichte, Psychologie. Psychoanalytiker. Ballett- und Theaterkritiker. Leiter des Kammersprechchors Zürich.

Monika Scherrer, geb. 1954. Beruf des Vaters: Entwicklungsexperte für die UNO. 1958 Übersiedlung der Familie nach Addis Abeba/Äthiopien; 1965 Umzug nach Kabul/Afghanistan. 1970 Rückkehr in die Schweiz. Geprägt durch die Konfrontation zwischen Ost und West in Dritt-Welt-Ländern. In der Folge Interesse für politische Gesamtzusammenhänge. Studium an der Rechts- und Wirtschaftswissenschaftlichen Fakultät Bern. Freie Journalistin für verschiedene Redaktionen. Tätig als In- und Auslandredaktorin. Seit 1988 parlamentarische Mitarbeiterin von Peter Sager in Bern.

Jürg L. Steinacher, geb. 1944, Studien Geschichte (Zürich) und Politologie (Freiburg im Breisgau). Tätigkeit für Verlagsunternehmen (1973 bis 1980) und die Bundesverwaltung (1981 bis 1983); seither selbständiger Berater Public

Affairs speziell für gesellschafts-, medien- und sicherheits-
politische Fragen; u. a. Mitarbeiter des Schweiz. Ost-In-
stituts Bern (seit 1982), Gründungs- und Geschäftslei-
tungsmitglied der Schweiz. Helsinki-Vereinigung (seit
1979) und Redaktor Forum Medien kritisch (seit 1989).

Sigmund Widmer, geb. 30.7.1919. Studium der Ge-
schichte, der Germanistik und der politischen Wissen-
schaften (Zürich, Genf, Paris, USA). 1948 Assistent am
Historischen Seminar der Universität Zürich. 1949–54
Mittelschullehrer. 1954–66 Stadtrat (Bauvorstand der
Stadt Zürich). 1966–82 Stadtpräsident. 1963–66 und seit
1974 Nationalrat, u. a. Präsident der aussenpolitischen
Kommission des NR 1984/85. Präsident der Schweizeri-
schen Kulturstiftung Pro Helvetia (1985–89). Seit 1982 als
Verfasser kulturhistorischer Schriften publizistisch tätig.